ALFABETIZANDO

385a Alfabetizando / Coordenado por Zélia Cavalcanti. —
       Porto Alegre : Artes Médicas, 1997.
       (Série Escola da Vila; 4)

       1. Educação - Alfabetização. I. Cavalcanti, Zélia.
       II. Título.

                    CDU 37.018.8

Catalogação na publicação: Mônica Ballejo Canto - CRB 10/1023

ISBN 85-7307-256-3

ALFABETIZANDO

Coordenação
Zélia Cavalcanti

Textos
Equipe Pedagógica da Escola da Vila

Autores

Ana Cláudia Rocha
Psicóloga, Professora do Grupo 4 (Pré) da Escola da Vila.

Ana Paula Yasbek
Pedagoga, Professora do Grupo 1 da Escola da Vila.

Beatriz Gouvea
Pedagoga, Professora do Grupo 1 da Escola da Vila.

Cíntia Fondora Simão
Pedagoga, Professora do Grupo 4 (Pré) da Escola da Vila.

Daniela Padovan
Pedagoga, Professora da 4ª série do 1º Grau da Escola da Vila.

Dayse Gonçalves
Jornalista, Educadora, Orientadora Pedagógica do Ciclo 2 da Escola da Vila e do Colégio Fernando Pessoa.

Fernanda A. M. Flores
Pedagoga, Professora do Grupo 1, Assistente de Coordenação do Ciclo 1 da Escola da Vila e do Colégio Fernando Pessoa.

Lucineide Magalhães
Pedagoga, Coordenadora Pedagógica do Ciclo 2 da Escola da Vila e do Colégio Fernando Pessoa.

Miriam Louise Sequerra
Psicóloga, Professora da 1ª série do 1º Grau da Escola da Vila.

Paula Stella
Mestre em Metodologia do Ensino e Educação Comparada da Faculdade de Educação da USP, Orientadora Pedagógica do Ciclo 2 da Escola da Vila e do Colégio Fernando Pessoa.

Zélia Cavalcanti
Historiadora com Pós-graduação pela USP. Coordenadora do Ciclo 1 (Pré) da Escola da Vila.

2ª reimpressão

2001

© Editora Artes Médicas Sul Ltda., 1997

Capa
Joaquim da Fonseca

Preparação do original
Paulo Furasté Campos, Alessandra Baldo

Supervisão editorial
Letícia Bispo de Lima

Editoração eletrônica
Ponto-e-Vírgula Assessoria Editorial

Reservados **todos os direitos de publicação**, em língua portuguesa, à
ARTMED® EDITORA S.A.
Av. Jerônimo de Ornelas, 670 - Santana
90040-340 Porto Alegre RS
Fone (51) 3027-7000 Fax (51) 3027-7070

É proibida a duplicação ou reprodução deste volume, no todo ou em parte, sob quaisquer formas ou por quaisquer meios (eletrônico, mecânico, gravação, fotocópia, distribuição na Web e outros), sem permissão expressa da Editora.

SÃO PAULO
Av. Angélica, 1091 - Higienópolis
01227-100 São Paulo SP
Fone (11) 3667-1100 Fax (11) 3667-1333

SAC 0800 703-3444

IMPRESSO NO BRASIL
PRINTED IN BRAZIL

APRESENTAÇÃO DA SÉRIE

Os **Cadernos da Escola da Vila** foram idealizados para atender a uma demanda de muitos educadores que, nos últimos anos, entraram em contato com o trabalho educacional que realizamos: ter acesso aos textos que produzimos para registrar e divulgar à comunidade de profissionais e pais da Escola da Vila e a outros profissionais relacionados à educação de crianças o trabalho realizado nas classes junto às crianças e as idéias que temos desenvolvido a partir da reflexão que esse trabalho torna possível.

Esses textos documentam a história da metodologia de trabalho escolar que temos desenvolvido. São relatórios de atividades em classes de pré-escola e do 1º grau e textos de reflexão metodológica, de origens diversas, relacionados ao trabalho dos orientadores e professores e às definições curriculares.

A diversidade de formatos, somada à de autorias e de temas desenvolvidos, possibilitou a criação de títulos diversos para um conjunto de Cadernos dirigidos a professores que desejam estabelecer um diálogo entre o trabalho que realizam e a experiência da Escola da Vila. Em 1995, foram publicados *Arte na Sala de Aula*, *Trabalhan-*

do com História e Ciências na Pré-Escola, História de uma Classe. Alfabetizando é, portanto, o quarto livro da série.

Cada **Caderno** é um conjunto integrado no qual referências teóricas e metodológicas se entrelaçam com relatos de experiência, ora num mesmo texto, ora numa relação de complementariedade entre textos de autorias diversas. Essa estrutura procura fornecer ao leitor uma visão não apenas da forma como trabalhamos com os alunos, mas também do perfil profissional da equipe que realiza o projeto pedagógico da Escola da Vila.

Zélia Cavalcanti

APRESENTAÇÃO DO CADERNO

Há mais de 10 anos, a Escola da Vila vem trabalhando com Alfabetização, desenvolvendo uma metodologia de ensino-aprendizagem inspirada e informada nos trabalhos que entendem esse "conteúdo escolar" como um processo psicogenético de construção de conhecimento sobre a Língua Escrita e as práticas sociais que lhe são derivadas: ler e escrever.[1]

Esse percurso foi várias vezes redirecionado em conseqüência da publicação de novos trabalhos de pesquisa,[2] de supervisões periódicas realizadas por profissionais de outras instituições[3], e pelo que fomos construindo de conhecimento didático sobre esse aspecto da aprendizagem escolar.

Essa é a primeira vez que publicamos, em livro, um conjunto de textos que procura dar um idéia de como temos alfabetizado nossos

---

[1] Cf. Ferreiro, E. e Teberosky, A. *Psicogênese da Língua Escrita*. 4.ed. Porto Alegre: Artes Médicas, 1991.
[2] Entre outros destacam-se os trabalhos de Ana Teberosky, Ana Maria Kaufman, Josette Jolibert e Délia Lerner.
[3] A partir de 1987, o trabalho de ensino-aprendizagem realizado na Escola da Vila tem recebido supervisões de profissionais que trabalham e pesquisam nas diferentes áreas curriculares. Em Língua Escrita já foi supervisionado por Ana Teberosky e Liliana Tolchinsky, da Universidade de Barcelona, por Délia Lerner, da Universidade de Buenos Aires, e por Artur Gomes de Morais, da Universidade de Pernambuco.

alunos e por que fazemos da forma como fazemos. É um livro que não busca uma linguagem diferente da que temos utilizado até agora para documentar e comunicar nosso conhecimento atual sobre o tema, pois reúne e organiza alguns trechos de relatórios que registram o trabalho de ensino da língua escrita e alguns textos escritos para subsidiar o trabalho de professores que têm, entre suas funções, a tarefa de alfabetizar seus alunos.

Como entendemos que, em sociedades altamente letradas como a nossa, o processo de alfabetização se inicia quando a criança, ainda bem pequena, fica imersa no mundo letrado e procura compreendê-lo, o conjunto de documentos que compõem esse Caderno envolve trechos de relatórios do trabalho desde as classes de 3 anos até os grupos de 8 anos; ou seja, de acordo com a forma como segmentamos a escolaridade, o conjunto dá uma mostra do trabalho com as classes dos Ciclos 1 e 2.

O texto que inicia o Caderno fala da aprendizagem da leitura e da escrita advogando por uma escola onde todas as crianças encontrem um lugar no qual podem vincular a leitura à possibilidade de chegar ao significado do texto e ao prazer da leitura. A visão de trabalho com textos que desenvolve é complementada por um conjunto de pequenos textos, que estão no Apêndice, onde procuramos contribuir com os planejamentos de classe, sugerindo encaminhamentos com diferentes conteúdos relacionados ao processo de letramento.

Diferente dos outros volumes dos Cadernos da Escola da Vila, onde se encontram bibliografias gerais, este traz uma bibliografia específica sobre o tema, que relaciona os principais títulos que têm informado nosso trabalho com o ensino e a aprendizagem da Língua Escrita.

Zélia Cavalcanti

SUMÁRIO

APRESENTAÇÃO DA SÉRIE v
Zélia Cavalcanti

APRESENTAÇÃO DO CADERNO vii
Zélia Cavalcanti

LER E ESCREVER PARA APRENDER A GOSTAR DE LER E ESCREVER 1
Heloisa Prieto e Zélia Cavalcanti

LÍNGUA ESCRITA EM CLASSES DE CICLO 1 (3 a 5 anos) 18
Beatriz Gouveia - G.1 M/ 1º semestre 1995 20
Ana Paula Yasbek - G.1 T/ 1º semestre 1995 23
Cíntia Fondora - G.2 M/ 1º semestre 1995 27
Fernanda Flores - G.3T/ 1º semestre 1995 33

LÍNGUA ESCRITA EM CLASSES DE CICLO 2 (6 a 8 anos) 43
Ana Cláudia Rocha - G.4T/ 1º semestre 1995 45
Paula Stella - G.4 M/ 1º semestre 1995 51
Paula Stella - G.4 M/ 2º semestre 1995 65
Lucinha Magalhães - 1ª Série T/ 3º bimestre de 1990 81
Daniela Padovan - 1ª série M/ 1º bimestre de 1991 92

Miriam Louise Sequerra - 1º série T/ 1º bimestre 1996 101
Dayse Gonçalves - 2ª Série T/ 1º semestre de 1994 118

APÊNDICE 138
Heloisa Prieto e Zélia Cavalcanti

Trabalhando com textos informativos 138
A história da escrita no processo de alfabetização 145
Os livros e seus autores 152
Alguns encaminhamentos para o trabalho com textos literários 156

BIBLIOGRAFIA GERAL 160

LER E ESCREVER PARA APRENDER A GOSTAR DE LER E ESCREVER

Heloisa Prieto e Zélia Cavalcanti

Nos países ocidentais, a escolaridade obrigatória para toda a população tem por objetivo prioritário alfabetizar os cidadãos, isto é, dar condições para que todos aprendam a ler e a escrever. Por isso, o processo de alfabetização, um dos eixos principais da escolaridade básica, inicia-se logo nas primeiras classes, até porque é necessário que as crianças aprendam a ler com competência logo que possível para que possam utilizar adequadamente textos escritos como instrumentos de apoio às situações de aprendizagem.

Quando inicia sua escolaridade, a criança espera aprender rapidamente a ler e a escrever. No entanto, o aprendizado da escrita requer tempo, paciência e maturidade. E as horas e horas de atenção a tarefas relacionadas a esse aprendizado, que nem sempre fazem grande sentido para ela, certamente colaboram para que pense sobre questões do tipo: que relações existem entre o que se fala e o que se escreve? Por que todos devem escrever com a mesma ortografia?

Por que é preciso "caprichar na letra"? Por que a língua escrita tem regras de acentuação? Por que a gramática da língua escrita nem sempre corresponde à da língua oral? Por que é mais fácil contar histórias oralmente do que escrevê-las? Qual a relação entre aprender a ler e aprender a escrever?

O professor de 1º grau, principalmente das quatro primeiras séries, não pode deixar de considerar que sua relação com seus alunos estará permanentemente mediada por questões desse tipo e que, embora nem sempre cheguem a ser enunciadas, precisam encontrar respostas nas situações de aprendizagem que ocorrem na sala de aula.

Dentre essas questões, aquela que refere as relações entre saber ler e saber escrever é a que menos encontra uma ressonância significativa no planejamento das atividades dos alunos.

Principalmente nas classes chamadas de alfabetização e primeiras séries, são usuais as seqüências de situações de ensino de escrita centradas em questões ortográficas e caligráficas, acompanhadas por atividades de leitura das palavras, frases e pequenos textos que servem de suporte para essas atividades (ditados e cópias, por exemplo).

Essa forma de relacionar as ações de ler e escrever a segmentos de escrita freqüentemente pouco significativos não permite aos alunos conhecer as relações profundas que existem entre as práticas sociais de leitura e escrita, pois lêem e escrevem textos que só servem para serem lidos e escritos dentro da sala de aula, durante as "atividades de alfabetização", e jamais fora dessa situação, em contextos sociais amplos e não escolares. Além disso, e o que é ainda mais desastroso para a entrada das crianças no mundo letrado, universo onde a leitura e a escrita se integram de forma harmoniosa à vida prática, científica e literária das pessoas, tal forma desenvolve uma relação com esse aprendizado que identifica ler e escrever como práticas a serviço da "tediosa seqüência de séries escolares das quais ficarão livres após alguns anos".

Assim, não é por acaso que hoje em dia seja raro os alunos descobrirem o prazer que a leitura e a escrita podem proporcionar. E embora a cada dia mais pesquisadores e professores reconheçam a necessidade de fomentar aprendizagens significativas dessas práticas para que possam cumprir plenamente sua função de instrumentos fundamentais de aprendizagem, o que assistimos são gerações de estudantes que chegam ao final da escolaridade básica satisfeitos por estarem finalmente "livres dos livros".

Mesmo reconhecendo que a escola não é a única responsável por esse estado de coisas, são evidentemente os professores que poderão revertê-lo, ajudando seus alunos a descobrirem o prazer da leitura e suas profundas conexões com a escrita, instrumentos preciosos dentro e fora da escola.

Cabe aos professores promover um processo de alfabetização extensivo (que se continue pelos diferentes anos da escolaridade inicial) no qual ler e escrever sejam compreendidos como práticas que envolvem uma dimensão pessoal, lúdica e prazerosa, e que são interdependentes, intimamente relacionadas e fruto de um processo longo, difícil e extremamente enriquecedor.

Fomentar o prazer da leitura e da escrita não é algo independente de ensinar a ler e escrever. Existe uma estreita relação entre uma e outra coisa, e é por isso que podemos dizer que o processo de alfabetização que não desenvolve o desejo de ler e escrever não prepara a criança para viver plenamente a cultura em que nasceu.

Escrever

Escrever é diferente de falar. Escrever textos é uma maneira diferente de produzir linguagem.

As crianças sabem muitas coisas sobre o sistema de comunicação verbal antes de dominar a escrita. São, por exemplo, capazes de adequar-se às mudanças da audiência: desde pequenas, dirigem-se de maneira diferente a um adulto e a outras crianças. São também capazes de produzir e reconhecer diferentes organizações discursivas: sabem da diferença discursiva entre o relato de um conto e a descrição de uma casa.

Ao mesmo tempo, também já tiveram oportunidades variadas de observar o sistema de representação escrita da língua que aprenderam a falar, e, desta observação, puderam construir, formular hipóteses sobre o que é necessário para que os signos que compõem a escrita alfabética (letras, sinais de pontuação e acentuação) signifiquem, digam algo e possam ser lidos.

Nas diferentes situações comunicativas que a escola oferece defrontam-se com a necessidade de lidar com diversos gêneros de discursos falados e escritos. Precisam, por exemplo, conversar com colegas no desenvolvimento de diferentes atividades, construir frases interrogativas para formular questões, descrever objetos, narrar fatos, expor idéias. Ouvem os textos lidos por seus professores nas atividades envolvendo literatura (contos, poesias ...), textos informativos (jornais, enciclopédias ...) que apóiam as situações de pesquisa em Ciências, bilhetes, convites e outras mensagens enviadas à classe, etc.

Geralmente, quando chegam à escola as crianças já desenvolveram sua competência de falante para poderem realizar muitas dessas ações com certa autonomia. No entanto, o mesmo não ocorre com sua competência para a produção de textos escritos.

Ou seja, embora, durante os primeiros anos de escola, as crianças já possam conversar, dialogar com colegas e o professor, ainda não sabem como registrar, em língua escrita, aquele mesmo diálogo; podem também entrevistar um colega sobre um acontecimento vivido por ele, mas não sabem como registrar essa entrevista para publicá-la na classe, por exemplo; sabem ler um texto de história, reproduzi-lo oralmente, mas não sabem como registrar uma história que inventem de forma que a imagem do texto escrito contribua para que o leitor leia, entenda e interprete o texto com autonomia. Isto é, falta-lhes muitas informações, conhecimentos, sobre o sistema de representação escrita da língua que já sabem falar com autonomia.

O conhecimento dessa forma diferente de produzir linguagem, que é a escrita, nascerá e se desenvolverá progressivamente, fruto tanto da familiaridade, da intimidade com a língua escrita que os livros, os jornais, as revistas podem proporcionar, quanto das situações de aprendizagem nas quais os alunos produzem diferentes tipos de texto.

Sobre aprender a gostar de escrever histórias

Em diferentes atividades escolares, os alunos se defrontam com textos narrativos, seja em atividades envolvendo o aprendizado de conteúdos de literatura, seja em leituras que realiza, relacionadas à aprendizagem de outros conteúdos.

A competência que os alunos constroem para lidar com esses textos, para se relacionar com seus significados, decorre das oportunidades que encontram de realizar atividades em que sejam convidados a ler e produzir textos narrativos.

É comum que os alunos pensem que o talento para a escrita é privilégio dos poucos eleitos, e isso muitas vezes diminui seu empenho em aprender a escrever.

A idéia da inspiração, tão valorizada na época do romantismo, pode inibir a criação em classe. Sempre têm-se a desculpa de "falta de idéias" ou "não tive inspiração alguma", como se as idéias tivessem autonomia relativa em relação ao pensamento que as produziu, em relação a seus autores.

Ora, a escrita, como qualquer outra habilidade, é também fruto de um processo de aprendizado. Para se andar de bicicleta, montar a cavalo, tocar piano ou violão é necessário um período de prática e treino. Até que a criança conquiste o prazer de deslizar sobre duas rodas, acertar uma cesta ou fazer um belo gol, é necessário aprender como se faz, é preciso conhecer as regras do jogo. O mesmo se dá com a escrita.

Edgar Allan Poe é um dos autores mais importantes da literatura norte-americana. Sua obra, que é uma da mais densas e elaboradas de seu tempo, desfruta de enorme popularidade. Quem ouve pela primeira vez seu poema *O Corvo*, por exemplo, um apaixonado poema de amor, imediatamente é transportado ao cenário fantástico de um quarto fechado, no qual um jovem sofre pela perda da mulher amada, e provavelmente imagina que Poe o escreveu numa única noite, movido pela inspiração e dor.

Pois bem, a elaboração desse poema foi bem diferente disso. Após ter criado sua obra-prima, Poe escreveu a respeito de seu processo de criação, revelando o segredo de seu trabalho num texto fundamental para qualquer estudante de literatura: *A filosofia da composição*.

Nele, Poe afirma ter partido do desejo de criar um poema composto em torno de um refrão. Desejava uma palavra que fosse repetida, produzindo um efeito musical através das estrofes do poema. Imaginou, então, que, se essa palavra fosse produzida por um pássaro, seu efeito seria mais intenso. Pensou inicialmente num papagaio, mas esse pássaro produziria um efeito cômico, e ele não desejava compor um poema-piada. Terminou optando pelo corvo, outro pássaro falante, e a figura do corvo, por sua vez, inspirou-lhe o tom do poema, uma obra noturna, melancólica, pungente. Finalmente, imaginou qual seria a situação mais triste do mundo, e concluiu que a maior perda para um jovem seria a morte da mulher amada. E assim nasceu *O Corvo*, poema marcante do século XIX, reverenciado tanto pelo público como pela crítica — uma obra de encanto perene.

Para Poe, e atualmente também para os estudiosos do processo de criação artística, a idéia original, a famosa inspiração, é apenas um momento do ato criativo. Todos temos inspirações a respeito de muitas coisas durante várias instâncias de um mesmo dia. Inspiração para inventar uma forma nova de cozinhar um alimento, de arrumar a casa, de lidar com as emoções de um amigo, etc.

O escritor é aquele que se permite escrever. Escreve porque gosta de fazê-lo, escreve para ser lido, escreve apenas para brincar com as palavras, para exercitar-se, escreve para registrar uma idéia ou sentimento.

Essa disposição para a escritura nasce de uma disciplina, como em qualquer forma de arte. Quem toca um instrumento musical passa horas praticando sua arte, quem é bom esportista dispende boa parte do dia em treinamento, por que haveria de ser diferente com a escrita?

A narrativa, poética, humorística, de suspense ou maravilhosa, nasce de um processo, como nos revelou Edgar Allan Poe. Um processo que está ao alcance da criança e que, em sala de aula, pode transformar-se num jogo estimulante e divertido.

O professor deve estar ciente de que a narrativa é um jogo, com seus códigos, regras e surpresas. Cada gênero literário tem características próprias que podem ser exploradas tanto do ponto de vista semântico, estudando-se seus significados, quanto do gramatical propriamente dito. Cada gênero literário nos oferece uma nova "brincadeira", conduz-nos a viagens de paisagens diferentes.

A expressão "Era uma vez...." imediatamente nos leva a um reino de magia, a uma paisagem na qual um sapo pode transformar-se num príncipe, uma varinha pode ter poderes extraordinários, e na qual o confronto entre o bem e o mal, personalizado nas figuras das fadas, magos e bruxas, conduz a conflitos espetaculares.

No gênero conto de fadas, as frases iniciais da narrativa são marcas registradas, bilhetes de entrada a um mundo de sonhos.

"Era uma vez....Num reino muito distante.....Há muitos e muitos séculos atrás.....Havia um castelo...." Essas expressões nos inserem num mundo onde não existem marcas específicas de tempo ou espaço. Ou seja, ao trabalharmos dentro do gênero contos de fadas estamos numa terra fantástica onde quase tudo pode acontecer — o mundo dos sonhos.

A criança de 1º grau já dispõe de um repertório considerável de histórias da literatura oral. Geralmente conhece os clássicos da literatura infantil, bem como algumas lendas regionais. O trabalho de aproximação e construção de conhecimentos sobre o texto narrativo tem, então, terreno fértil para se desenvolver.

Mas como esse trabalho pode ser realizado? Escrevendo histórias que conhece de memória, por exemplo. Vamos chamá-lo pelo termo transcriação, uma palavra criada pelo poeta Haroldo de Campos para designar a tradução criativa.

Quando a criança passa para o papel um conto que sabe contar muito bem, enfrenta de fato uma tarefa bastante desafiadora. O processo de tradução de sua voz em escrita implica o uso da pontuação, o emprego do parágrafo, a conquista da fluência e coesão textual.

No entanto, ao propor um trabalho de transcriação de um conto, o professor precisa lembrar-se que "quem conta um conto aumenta um ponto". Ao passar sua história para um novo suporte, para outra linguagem que não a oral, a criança naturalmente será levada a inserir modificações em sua história.

Geralmente, nesses primeiros trabalhos, deparamo-nos com dois tipos de atitudes bastante comuns: a criança que, diante do desafio, encolhe sua história e a resume (para acabar logo com o problema) e a criança que se entusiasma com o trabalho e não consegue mais terminá-lo. Acontece também da criança tecer uma trama com tantos detalhes que não consegue desenrolá-los, terminando uma longa narrativa abruptamente, como se fosse uma autora de novela de televisão. (Um gênero, aliás, intimamente ligado à estrutura do conto de fada).

O professor deve permitir que o aluno exercite seu ofício de escritor, oferecendo-lhe a possibilidade de enveredar por diversos caminhos até alcançar um texto final.

Ítalo Calvino, renomado escritor italiano contemporâneo, pesquisou profundamente os contos de fadas e conduziu oficinas de criação literária dirigidas a escritores, roteiristas e professores. Nelas, propunha desafios cada vez maiores a seus alunos, para que trabalhassem a narrativa liberando a fluência e a criatividade. Era como se Calvino tomasse ao pé da letra a expressão fazer arte.

Fazer arte, tanto no caso da criança como no caso do artista, significa ir além dos limites, infringir uma regra, mas fazê-lo de forma lúdica e criativa.

Que regras uma criança pode quebrar ao jogar com a literatura? A regra que bem desejar.

Quer dizer, o professor pode propor jogos literários como os de Calvino. Pode convidar seus alunos a:

- Continuar uma narrativa que se inicie com a expressão "Era uma vez..."
- Pode desafiá-los a compor uma história a partir de elementos combinatórios, tais como: uma princesa/ uma bruxa/ um castelo; um rei/ três príncipes/ uma missão; uma rainha/ um bebê/ uma fada madrinha; uma princesa/ uma caverna/ um dragão.
- Pode pedir que inventem a mais temível bruxa que puderem imaginar, tendo o cuidado de pensar em sua origem, poderes e pontos vulneráveis. Em seguida, pode prosseguir o jogo literário pedindo aos alunos que criem um antagonista para essa bruxa. Talvez um príncipe, talvez um mago, ou ainda uma corajosa camponesa.
- Por fim, pode desafiar os alunos a criar uma aventura na qual os personagens se confrontem.

Entretanto, se os alunos desejarem infringir as convenções desse tipo de narrativa e, por exemplo, transportar seus personagens para o universo urbano ou até mesmo para outro planeta, o professor deve permitir que façam essa arte. Afinal, a literatura fantástica e até mesmo as histórias em quadrinhos como Batman e outros super-heróis nascem de uma transposição do conto de fadas para o tempo moderno.

Enfim, as estratégias para desenvolver o jogo literário são apenas portas de entradas ao mundo infinito da imaginação. Vias de acesso ao sonho, canais e pontes que conduzem ao famoso mar de histórias da tradição árabe — o manancial de contos, casos e aventuras que as crianças naturalmente guardam dentro de si.

Quanto mais as crianças tiverem a oportunidade de mergulhar nessas águas e navegar por esses mares, mais conhecerão sobre as formas como podem ser tecidos os textos narrativos, avançando a passos largos em sua formação como leitores.

Ler

Quando um adulto diz a uma criança que o livro é muito importante, nem sempre se lembra de dizer-lhe que há inúmeros tipos de livros e textos.

É na escola que as crianças encontram um espaço programado para aprender a fazer diferentes leituras do mundo, a ler diferentes tipos de texto portadores de diferentes conteúdos.

Esses textos chegam à sala de aula geralmente através dos livros e outras publicações impressas que apóiam e contribuem para o trabalho dos professores e para a aprendizagem dos alunos. De acordo com o conteúdo que envolvam, os textos se organizam de forma diferente. Vejamos alguns exemplos.

Os livros de ciências para crianças geralmente envolvem descrições de elementos da natureza e experiências que podem ser realizadas para verificar alguns fenômenos físicos ou químicos. Para que um aluno consiga reproduzir uma experiência científica em sala de aula, deve seguir os passos indicados no texto literalmente; caso contrário, não chegará aos mesmos resultados. Nos textos dos livros de Ciência, a escrita privilegia a função referencial, uma das várias funções da linguagem, a de informar sem apontar para interpretações subjetivas.

Já os livros de História fazem narrações de fatos ocorridos em diferentes partes do mundo, com diferentes povos, em diversas épocas. Procuram dar uma explicação para esses acontecimentos e, algumas vezes, indicam caminhos para os alunos procurarem saber mais sobre os assuntos que envolvem.

Quando os textos desses livros iniciam uma análise dos fatos descritos, o autor estará usando outra função da linguagem; estará iniciando um texto dissertativo, isto é, uma forma de escrever que transmite basicamente a opinião de um escritor a respeito de um determinado tema.

Na maior parte dos livros de História, as funções da linguagem não estão nitidamente separadas. Por quê? Ora, a própria escolha dos fatos a serem descritos com ênfase já determina, de forma sutil, a opinião do autor do texto. Opinião esta que, mais tarde, poderá ser explicitada num artigo dissertativo dentro de um mesmo livro.

Os livros de matemática descrevem operações, colocam questões a serem resolvidas, indicam resultados a serem alcançados. São textos mais indicativos, nos quais se utiliza com freqüência o verbo no tempo imperativo; um discurso que aponta caminhos e sugere procedimentos. Esses livros, além do texto escrito em forma de discurso, também contêm diagramas, imagens, tabelas, algoritmos de diferentes operações.

Os livros dedicados ao ensino da língua escrita trazem diversos textos que procuram contribuir para que o aluno aprenda sobre a língua portuguesa, sua gramática, sua literatura. No caso das antologias de língua portuguesa, o leitor pode ver-se diante de vários registros e discursos. Poemas, trechos de contos, notícias de jornal podem vir ao lado de explicações gramaticais acompanhadas de sugestões para exercícios. Portanto, é importante que o livro de língua portuguesa tenha um fio condutor nitidamente explicitado, para que seus leitores possam dar conta de toda a diversidade de textos com os quais entram em contato.

Com isso, queremos deixar claro que os alunos precisam saber ler diferentes tipos de texto nas diferentes tarefas que a vida escolar lhes coloca. E que cabe ao professor criar diferentes situações de aprendizagem nas quais seus alunos aprendam a lidar com eles.

Sobre aprender a gostar de ler

As crianças são mergulhadas no maravilhoso mundo dos contos de fadas desde muito pequenas, antes de entrarem para a escola. Através deles, antes de se iniciarem no universo da palavra escrita, as crianças desfrutam da liberdade típica da língua oral, em que uma mesma história pode ser recontada de diversas formas, ao sabor do momento.

O conto de fadas é um gênero literário, uma forma especial de se narrar uma história na qual certos elementos se mantêm: se passam num lugar distante, sem nome, obviamente imaginário, são contadas por um narrador anônimo que jamais se apresenta ao leitor, são protagonizadas por heróis e vilões claramente caracterizados (uma linda princesa, uma terrível bruxa, um valente camponês) e terminam, a maior parte das vezes, com finais felizes.

Descrevendo-as dessa forma, essas histórias parecem simples e até previsíveis. Mas não o são, e não há quem não se emocione com um conto de fadas bem contado e ilustrado. Isso porque, embora os contornos dos contos de fadas sejam claramente delineados, tudo acontece num espaço em que tudo pode acontecer. Isto é, a natureza e as pessoas formam um único corpo, os personagens facilmente se transformam em animais e plantas, assim como qualquer ser do universo pode conter um jovem encantado preso a um feitiço. Trata-se de um universo de metamorfose constante, onde o jogo das aparências, do tempo linear, da verdade abertamente declarada formam textos cheios de surpresas e sutilezas.

Quando as crianças são alfabetizadas, muitas vezes o professor se pergunta: E agora? O que será que posso oferecer a elas? Afinal, já passaram da idade do conto de fadas!

Na verdade, o professor comete um equívoco porque não existe verdadeiramente uma idade certa para se ler um conto de fadas. O bom livro não é como um sapato velho que quando o pé cresce é posto de lado. Uma história bem contada pode e deve ser relida ao longo de toda a vida. Por outro lado, a estrutura do conto, como gênero literário, é bastante abrangente, e ele não deve ser interpretado, reduzido a uma espécie de receita ou categoria classificatória.

Como definir, por exemplo, a magistral obra de Monteiro Lobato? Nela, a história se passa dentro de um sítio, os personagens têm nomes e idades claramente enunciadas. Que tipo de narrativa será esta?

Ora, o *Sítio do Pica-Pau Amarelo*, dentro da universo criado por Lobato, é um espaço tão atemporal quanto qualquer floresta encantada. Tudo pode acontecer naquele espaço, o imaginário do mundo todo cabe nos recônditos daquelas terras mágicas. Uma boneca pode falar, uma espiga de milho se tranforma em gente, todas as viagens míticas são possíveis, e o tempo, em diversos momentos, pára de existir.

Atualmente, a tendência seria a de alcunhar obras como as de Monteiro Lobato como literatura de fantasia. Ou seja, narrativas que contêm certos índices de "realidade", mas que conservam vários elementos dos contos de fadas.

Esse gênero literário ao qual pertencem, por exemplo, livros como *A História sem Fim*, de Michael Ende, *As Bruxas*, do inglês Ronald Dahl, as aventuras mágicas de Heloisa Prieto, as divertidas histórias de Ricardo Azevedo e Ana Maria Machado e Pedro Bandeira, entre outros, oferece um mundo no qual o cotidiano apenas oculta um universo paralelo cheio de magia e mistério.

Quando as histórias rompem com o final feliz, deixando claro ao seu leitor que tudo pode realmente acontecer, inclusive um final desastroso para os protagonistas das aventuras, estamos diante de uma obra de literatura fantástica, gênero que invadiu o mundo dos leitores a partir do final do século XVIII e que até hoje desfruta de grande popularidade. Intimamente ligado ao gênero contos de fadas, descreve histórias nas quais o mundo familiar é invadido por um mundo incompreensível e misterioso, movido por regras que os heróis terão que decifrar, e cujo código parece sempre lhes escapar.

Certas obras de Guimarães Rosa, tais como os contos de *Sagarana*, a inesquecível obra de Oscar Wilde, o *Retrato de Dorian Grey*, *O Médico e o Monstro*, de Robert Louis Stevenson, ou *Frankstein*, de Mary Shelley, costumam ser consideradas obras exemplares de literatura fantástica.

Os gêneros literários têm uma natureza mais sutil do que classificações grosseiras e redutoras, isto é, podemos encontrar textos com elementos fantásticos até mesmo no seio de obras consideradas "realistas", como é o caso de nosso grande autor, Machado de Assis.

Machado era um escritor de fino senso de humor, fazendo com que seus textos caminhassem num terreno fértil para a interpretação. Em seu conto *A Cartomante*, por exemplo, ele joga com o gênero da literatura fantástica.

O argentino Jorge Luis Borges é um dos mais famosos escritores contemporâneos a brincar com a questão da ficcionalidade, a verdade dentro da obra literária. Vários de seus contos fantásticos podem encantar uma criança, desde *Aleph*, com seu deslocamento no tempo e espaço, até *O Livro dos Seres Imaginários*, no qual ele compõe um surpreendente catálogo de criaturas mágicas.

Desse ponto de vista, a literatura nasce de um jogo com o leitor, um jogo no qual quem lê precisa acreditar que o texto contém uma verdade, precisa fazer de conta que aquela história poderia ter acontecido e emocionar-se com o destino de cada personagem. Dentro desse jogo, cada gênero oferece um sabor, uma experiência diferente de leitura que não deve ser catalogada e discriminada segundo critérios rígidos, tais como subliteratura ou subgênero, autores menores e autores maiores.

Afinal, o que é um clássico? Uma história da qual nunca se esquece, uma história que sempre se quer reler.

Aliás, a história da própria literatura sempre foi muito pródiga com os autores considerados menos eruditos durante sua vida. O grande Shakespeare, por exemplo, era um autor popular, ator de um teatro ambulante da antiga Inglaterra. Foram os anos e seu imenso número de admiradores que lhe conferiram o *status* de autor clássico.

Por isso, o professor deve ter o cuidado de permitir que seus alunos exercitem-se na descoberta da leitura e possam propor suas obras preferidas aos colegas, mesmo que sua escolha contrarie o gosto do próprio professor, que não se deve deixar intimidar pela escolha de seus alunos ou pela rejeição de uma determinada obra. Aliás, ao contrário do provérbio, em sala de aula, o gosto se discute e muito. Uma obra polêmica pode gerar longas conversas sobre o que os alunos crêem que um bom livro deve lhes oferecer, sobre as diversas funções da leitura e escrita.

A leitura, mesmo na vida cotidiana, nasce de sugestões dos outros e de escolhas próprias; isso pode ser desenvolvido através de um trabalho de biblioteca, por exemplo, tanto com a criação de uma biblioteca de classe quanto com a programação de conversas periódicas sobre os livros que os alunos estão lendo, como com o incentivo a visitas a bibliotecas da cidade.

O professor pode trazer à classe as resenhas literárias publicadas em jornal ou revista. Pode gravar entrevistas com escritores ou trazê-los à sala de aula para ser entrevistado pelos alunos. A partir dessas atividades, as crianças poderão fazer suas próprias resenhas e entrevistas. Descobrirão a profissão do crítico e poderão investigar como se sentem os escritores quando são duramente criticados. E, principalmente, descobrirão que o leitor também é uma espécie de autor, pois, ao ler, descobre coisas que muitas vezes o próprio autor não sabia que estava colocando em seu texto.

"Meus alunos não serão capazes de entender as histórias dos livros que não foram escritos para alunos de 1º grau! São textos muito difíceis!" — poderá pensar o professor.

Será que são realmente? No que consiste o aprendizado da leitura?

Quando um leitor, um aluno, está interessado em descobrir o final da história que está lendo, quando ele quer saber o que acontecerá ao seu herói, é capaz de chegar ao final de uma história mesmo sem ter familiaridade com todas as palavras do texto que tem em mãos.

Por quê? Naquele momento, o aluno/leitor estará interessado em descobrir o fio narrativo, é vítima do sortilégio da história, isto é, está sob o encantamento do suspense, lê movido pela própria curiosidade.

Ao libertar os alunos para que leiam mesmo "sem entender tudo", o professor estará lançando-os ao verdadeiro universo da literatura. Afinal, o bom livro, o clássico literário, é justamente o que propicia inúmeras leituras. É aquele cujo significado sempre nos foge um pouco, e cujo mistério nunca seremos realmente capazes de solucionar.

Os bons livros, como a própria vida, deixam no ar um certo enigma, um sabor de desconhecido que o professor deve e pode desfrutar juntamente com seus alunos.

Há tantos livros quanto leitores, isto é, ler é experimentar a complexidade, a multiplicidade, é avistar as incontáveis paisagens secretas que se ocultam sob o suave manto da vida cotidiana.

A leitura de um livro, num primeiro momento, quando a criança ainda não é fluente, pode parecer-lhe fria se comparada ao prazer que desfrutava ao ouvir uma história em companhia de amigos. E se em casa a criança não tiver usufruído da experiência de ver pais e familiares entretidos na leitura, se pertencer a um ambiente no qual absolutamente não há esse hábito, nasce a possibilidade de uma rejeição ao ato da leitura.

Contudo, se o professor for capaz de introduzir a idéia de que a escrita é um jogo instigante e a leitura uma fonte inesgotável de conhecimento, estará abrindo os olhos de novos leitores e o caminho de vigorosos escritores.

LÍNGUA ESCRITA
EM CLASSES DE CICLO 1
(3 A 5 ANOS)

As situações de aprendizagem de língua escrita no Ciclo 1 são planejadas a partir dos objetivos de Comunicação e Representação, área curricular que organiza conteúdos relativos a conhecimentos que contribuem para que a criança desenvolva suas condições de comunicação, aprendendo sobre diferentes formas e sistemas de representação: a linguagem falada, a língua escrita, o jogo dramático, a arte visual, a música.

No aprendizado de língua portuguesa, considerando que as crianças são aprendizes recentes da língua materna, os encaminhamentos básicos do planejamento recaem sobre as atividades que envolvem a fala e a audição de bons modelos. Enquanto conversam, ouvem e fazem relatos, levam e trazem recados orais, desenvolvem-se como usuários da língua.

Enquanto escutam leituras de contos e poesias que aprendem a recitar, as crianças se iniciam como "leitores" de bons modelos literários. A professora é a leitora e o escriba da classe, mas as crianças também podem ler e escrever seus textos. As leituras, baseadas em memorizações significativas de textos de histórias, poemas ou tiras de HQ, e as escritas (inicialmente ocasionais e mais rotineiras no final do Ciclo) ocorrem espontaneamente ou a partir de propostas da professora; são consideradas, dentro de nossa metodologia de trabalho, como parte essencial e indissociável do processo de alfabetização vivido pela criança desde que ela começa a se relacionar com o sistema de representação escrita da língua materna.

> **Grupo 1 - Manhã**
> **1º Semestre / 95**
> **Beatriz Gouveia**

Grupo 1... é hora da nossa roda de história, vamos lá?

Nesse momento, cada um se acomoda no tapete da maneira que quiser: deitado de barriga para cima, deitado de barriga para baixo, sentado, etc., com a condição de não atrapalhar a visão do colega.

O nosso repertório de histórias, nesse semestre, está centrado em contos de fadas e histórias infantis.

Dentre os contos de fadas, temos lido *Chapeuzinho Vermelho, Os Três Porquinhos, Rapunzel, O Lobo e os Sete Cabritinhos, Cinderela, A Bela Adormecida, Branca de Neve e os Sete Anões*, e as histórias *O Macaco e a Velha, O Caso do Bolinho, A Bruxa Salomé, A Casa Sonolenta, O Rei Bigodeira e sua Banheira, Rápido como um Gafanhoto*.

Para o próximo semestre, pretendo incluir em nosso repertório lendas e fábulas.

É notável como o grupo se envolve nas tramas dos contos. É um momento de concentração e participação das crianças privilegiado em nossa rotina, pois elas permanecem de "ouvidos atentos" por todo tempo.

> Conseguir uma escuta atenta deve fazer parte dos objetivos do professor, pois este é um dos papéis lingüísticos que a escola deve ajudar o aluno a desenvolver desde cedo.

> Solicitar imitações ou favorecer simulações são estratégias pedagógicas importantes para serem utilizadas com os alunos.

Conforme vou contando as histórias, percebo as diferentes expressões de cada um: encantados, apreensivos, com um "medinho", e quando, finalmente, aproxima-se o final feliz, as crianças demonstram muita satisfação e, em algumas histórias, chegam até a cantar em coro: "o lobo está morto, o lobo está morto!", ou então, "quem tem medo do lobo mau, lobo mau, lobo mau".

Acho que cabe aqui apropriar-me de um parágrafo de Tatiana Belinky, uma genial escritora de livros infantis: "as histórias são material arquetípico, verdadeiro. Ajudam a criança a compreender a vida. A voar mais alto no único lugar em que são realmente livres: o mundo de sua imaginação".

No segundo semestre, está prevista a ida semanal das crianças à biblioteca.

Nessas visitas, as crianças poderão ouvir histórias escolhidas por Maria Lúcia, nossa bibliotecária, e também terão acesso a uma diversidade de livros para folhearem.

Tanto na classe como na biblioteca, ensinamos as crianças os cuidados que devemos ter com os livros. Para isso, fizemos algumas combinações, como: só é permitido manusear os livros se estiverem de mãos limpas, não podem rasgar páginas dos livros, não podem pisar nos livros, depois de lê-los devem guardá-los em nossa estante.

Com essas combinações, as crianças passam a ter atitudes favoráveis frente aos livros.

"A literatura põe em evidência a linguagem, elabora os interstícios, não se mede com os enunciados já feitos, mas com o próprio jogo do sujeito que enuncia, que descobre o sal das palavras."[1]

Acreditamos ser muito importante colocar as crianças em contato com toda a riqueza da língua portuguesa. Para tanto,

MEIO-DIA
MACACA SOFIA
PANELA NO FOGO
BARRIGA VAZIA.

O Pingüim

Bom dia Pingüim
onde vai assim
com ar apressado
eu não sou malvado
não fique assustado
com medo de mim
eu só gostaria
de dar um tapinha
no seu chapéu jaca
ou bem de levinho
puxar o rabinho
da sua casaca.

Vinícius de Moraes

---
[1] Eco, Umberto. *Viagem na irrealidade cotidiana*, Ed. Nova Fronteira.

> As visitas freqüentes à biblioteca podem tanto ajudar os alunos a desenvolverem o papel de leitores e a compreenderem o papel da escrita como dar condições para que aprendam os procedimentos adequados à postura de usuários de acervos de publicações impressas, como são as bibliotecas.

selecionamos textos de boa qualidade para levar aos alunos: textos narrativos, poesias, parlendas e textos jornalísticos (*Folhinha de S. Paulo*).

É através desse contato que as crianças começam a reproduzir textos já escutados, começam a "imitar" o ato de leitura e desenvolvem suas competências enquanto narradores.

Afixamos nos armários da sala algumas parlendas já conhecidas pelas crianças, e podemos observar, em diferentes momentos do dia, as crianças na frente dos cartazes, recitando-as.

Elas recitam corretamente e apóiam-se, a princípio, nas ilustrações dos cartazes, "imitando", se assim posso dizer, exímios leitores.

> **Grupo 1 - Tarde**
> **1º Semestre / 95**
> **Ana Paula Yasbek**

CONTOS DE FADAS, HISTÓRIAS, PARLENDAS E POESIAS

Todos os dias, nossas tardes são recheadas por momentos em que o mundo encantado da literatura é apreciado e degustado, com grande participação e envolvimento de todos.

O repertório desses textos é ao mesmo tempo vasto e bastante conhecido das crianças. Cada um deles já foi lido ou recitado uma grande quantidade de vezes. Isto porque é necessário que, ao mesmo tempo, consideremos o anseio e curiosidade por textos inusitados e também a satisfação em prever o seu final e pontos mais emocionantes.

A leitura de cada uma das histórias e dos contos de fadas contam com maior participação das crianças, nos trechos que lhes são mais familiares.

Na história do *Lobo e Os Sete Cabritinhos*, todas vibram na frase final "O lobo está morto! O lobo está morto!". Em *Chapeuzinho Vermelho*, falam comigo "Por que estes olhos tão grandes ...". Em *O Macaco e a Velha* cantam "Me mata devagar que dói dói dói, eu também tenho filhos que dói dói dói!". Em *O Caso do Bolinho* estão a todo mo-

> A leitura diária é importante para que as crianças possam construir um repertório próprio de histórias em uma linguagem diferente da fala cotidiana.

Lá em cima do piano
Tem um copo de veneno
Quem bebeu morreu.
Azar foi seu

CHATICE

JACARÉ,
LARGA DO MEU PÉ,
DEIXA DE SER CHATO!

SE VOCÊ TEM FOME,
ENTÃO VÊ SE COME
SÓ O MEU SAPATO,

E LARGA DO MEU PÉ,
E VOLTA PRO SEU MATO,
JACARÉ!

O CHÃO E O PÃO

chão.
O grão.
O grão no chão.

O pão.
O pão e a mão.
A mão no chão.

O pão na mão.
O pão no chão?
Não.

> O professor deve garantir a qualidade e uma variedade significativa de textos a serem memorizados por seus alunos.
> Para isso, devem ler livros de literatura infantil e pesquisar textos da tradição popular em livros de folcloristas, por exemplo.

mento cantando comigo "Era uma vez um Vô e uma Vó.... Eu sou um Bolinho, Redondo e Fofinho..."

Talvez possa parecer fácil conseguir essa magia, mas não é. Embora ouvir histórias seja extremamente apreciado, há dias em que algo acontece na classe e nos meus encaminhamentos que nada dá certo. Por isso, a todo momento é preciso pensar em qual história é mais interessante para se ler no momento, quando é necessário que a história seja contada e não lida, quando é preciso fazer um resumo mais longo ou mais curto para introduzi-la.

Ao recitar poesias, também seguimos alguns ritos: dizemos o nome do poema, seu autor e, por fim, recitamos conjuntamente (caso já o conheçam).

Basta eu pegar algum dos livros que logo alguma criança se antecipa dizendo: "Agora vamos ler Vinícius de Moraes" (ou Cecília Meireles, ou José Paulo Paes, ou Manuel Bandeira).

Cada um dos poemas traz algo que se relaciona ao universo infantil. Na *Arca de Noé* e em *Olha o Bicho*, os autores fazem rimas com animais e os tratam como seres animados que atuam de divertidas maneiras.

As rimas transformam os poemas em jogos de palavras, que acabam por divertir bastante as crianças.

Em momentos distintos, costumamos também recitar algumas parlendas e trava-línguas que fazem parte do repertório folclórico. O trabalho com esse tipo de texto cumpre uma série de objetivos:
- são facilmente memorizados e passam a servir como maneira de se escolher quem inicia uma brincadeira;
- possibilitam a recitação expressa por parte das crianças, assim como as poesias;

> A idéia de que um texto tem um autor pode ser compreendida precocemente.

CANELA DA CHINA
QUE VIRA EM PÓ!

GALO QUE CANTA COROCOCÓ

PINTO QUE PIA
PIRI PI PI

VOU TOMAR UMA BOA XÍCARA
DE CAFÉ COM CHANTILI

*F*UI NO CEMITÉRIO
TÉRIO
TÉRIO
TÉRIO
*E*RA MEIA-NOITE
NOITE
NOITE
NOITE
*V*I UM ESQUELETO
LETO
LETO
LETO
*E*RA VAGABUNDO
BUNDO
BUNDO
BUNDO

O ELEFANTINHO

Onde vais, elefantinho
Correndo pelo caminho
Assim tão desconsolado?
Andas perdido, bichinho
Espetaste o pé no espinho
Que sentes, pobre coitado?

— Estou com um medo danado
Encontrei um passarinho!

- são textos interessantes para as crianças realizarem pseudoleituras (isto é, o ato de se imitar a leitura a partir de um texto que conhecem de memória);
- são divertidos de serem recitados!

Do início do ano até hoje, já colocamos alguns desses textos fixos na porta do armário da sala, e freqüentemente alguma criança está a sua frente "lendo" para algum colega ou para si mesma.

Houve um dia em que Bia, a professora do Grupo 1 da manhã, havia colocado uma nova parlenda no armário, e durante toda tarde várias crianças tentaram decifrá-la. Algumas recitavam uma já conhecida, outras usavam o desenho como apoio ao que estava escrito (havia um morcego desenhado e as crianças falavam "Morcego, morceguinho, voa, voa ..."). Quando lemos a parlenda de maneira correta, convencional, uma criança nos contestou dizendo que era a do Morcego e não do Cemitério, como dizíamos.

Até o final do ano, iremos ampliar bastante nosso repertório, e confeccionaremos até um livro com todas as parlendas que serão conhecidas da turma.

> Realizar uma pseudoleitura é o mesmo que fingir saber ler. Essa simulação muitas vezes se transforma em situação de pesquisa por parte do aluno, que tenta relacionar as partes gráficas que vê no texto com as partes orais que segmenta em sua fala. Essa simulação pode contribuir para que características da ESCRITA se tornem observáveis para os alunos: semelhanças e diferenças, desenho, traçado da letra. Mas o mais importante, em atividades deste tipo, é o esforço das crianças em relacionar logicamente a escrita à fala e vice-versa.

> **Grupo 2 - Manhã**
> **1º Semestre / 95**
> **Cíntia Fondora**

Os diversos modelos literários também estão presentes na classe através dos contos e poesias, entre outros, que as crianças ouvem, recontam e recitam.

Vocês têm notado o interesse das crianças pelas tirinhas do Geraldinho, Garfield, Ozzy, Cebolinha, entre outros? Elas lêem essas tirinhas para vocês?

Certamente, sim!

Tenho observado que o entusiasmo os reúne em frente às tirinhas já conhecidas. Nessas "reuniões", podem mostrar que já "estão lendo" tirinhas que foram memorizadas anteriormente. Esse é um processo significativo, a que chamamos pseudoleitura: a criança apóia a leitura na sua memória e na estrutura gráfica que conhece, como o formato dos balões, o desenho e a cor, tão característicos na linguagem de HQ. Quando sou convidada para esses encontros em frente aos quadrinhos, eu os observo de longe, percebo que suas leituras são movidas por uma expressividade singular, que utilizam entonações e pausas com propriedade, seja do modelo recolhido na minha leitura ou na outra interpretação que fazem daquele texto.

> Ler antes de saber ler é um convite à interpretação de sinais gráficos a partir do conhecimento prévio do aluno. A leitura convencional também é uma interpretação de sinais gráficos realizada a partir de nosso conhecimento anterior. Portanto, quando se pede que o aluno leia antes de saber fazê-lo convencionalmente, está-se, na verdade, convidando o aluno a ocupar o lugar de um leitor potencial.

> Quanto mais o aluno tem a oportunidade de escrever mesmo sem saber fazê-lo convencionalmente, mais aprenderá sobre o funcionamento da escrita.

O jogo é uma das portas de entrada do conhecimento na sala de aula. Para os nossos muitos jogos, temos organizados na classe vários *kits* com material estruturado para essas brincadeiras. Há uma caixa com ferramentas (de plástico) para brincar de oficina, outra com instrumental de médico, a sacola de cabeleireira. Acredito que, com as visitas que vocês, ou outros familiares, realizarão no próximo semestre na nossa classe, incrementaremos ainda mais esses *kits*; combinaremos melhor sobre isso.

De todos os jogos dramáticos, o mais equipado é o "escritório" e, neste período, foi o preferido da classe. Junto com o grupo da tarde, pudemos reunir máquinas de escrever e de calcular, teclado de computador, telefones com e sem fio, cofrinho e moedas antigas e vários tipos de papel, etiquetas autocolantes, réguas, clips, etc. Nessa brincadeira, posso observá-los assumindo seus papéis de secretários ou executivos:

- falam ao telefone marcando e cancelando compromissos...

> "Trim! Trim!
> Alô!
> Quem é?
> Tá!
> E eu tô no trabalho.
> Então tá, tchau.
> Eu também não posso".

- colam etiquetas nas máquinas, nas mesas, na escada, na roupa do colega...
- colocam papéis nas máquinas ou apoderam-se das canetas e réguas e produzem muitos registros de escrita...
- organizam seus registros em diversas configurações no espaço de escrever...

- reproduzem rotinas da classe, como a marcação de calendário, que nos serve como instrumento de organização do tempo, conforme já lhes contei anteriormente...

Nas produções que recolhi, em algumas vezes que utilizamos este "*kit*-escritório", pude fazer um rico painel mostrando quantas informações sobre escrita, sobre cálculos, palavras e números estão circulando numa brincadeira tão intensa para as crianças e, aparentemente, tão simples para nós.

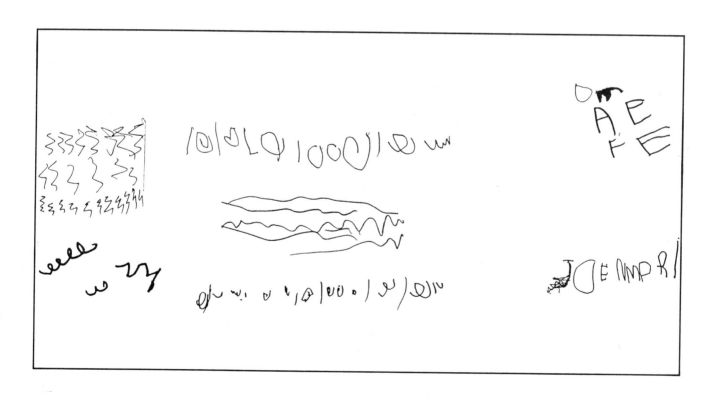

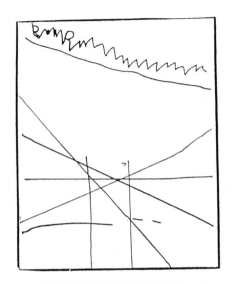
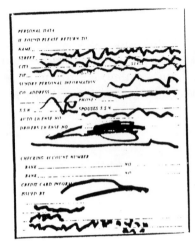
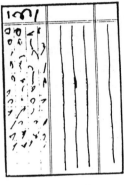

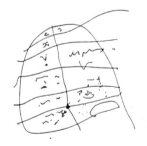

BALEIAS

. COMO A BALEIA NADA?

POR QUE SAEM BOLHAS DAS COSTAS DA BALEIA?

Alfabetizando

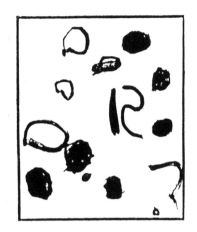

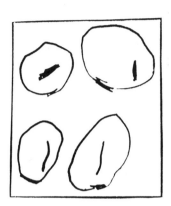
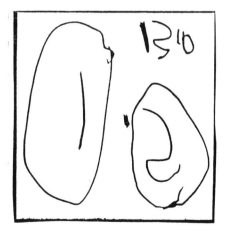

> Um ambiente alfabetizador é aquele no qual a criança assiste a inúmeros e diferentes atos de leitura e escrita, houve diferentes tipos de leitura, vê ilustrações de livros, arrisca escrever como pode (onde a língua escrita tem um papel de destaque na rotina das pessoas). Algumas crianças podem conviver com este ambiente em suas casas, mas ele também pode ser criado na escola.

Vocês conhecerão melhor o bloquinho de escrita de números nos relatórios individuais. São registros do dia em que estamos, da idade de cada um, da quantidade de alunos presentes ou ausentes, que as crianças podem realizar com ou sem modelo escrito na lousa por mim; podem também eles mesmos escrever o número na lousa, tendo ainda o calendário como recurso para pesquisar como se escreve.

A escrita vai sendo construída tanto nas brincadeiras, como já puderam ver, como nas atividades em que devem identificar seus trabalhos; nos bilhetes que trocamos com o grupo da tarde e nos que me observam escrevendo a vocês; nos bilhetes que trazem escritos de casa...

> **Grupo 3 - Tarde**
> **1º Semestre / 95**
> **Fernanda Flores**

O planejamento das atividades que definem as situações de aprendizagem dentro da Área de Comunicação e Representação inclui momentos que visam à construção de conhecimentos sobre a língua que se fala e sobre a língua que se escreve.[1]

> "O homem constrói casas porque está vivo, mas escreve livros porque se sabe mortal. Ele vive em grupo porque é gregário, mas lê porque se sabe só. Esta leitura é para ele uma companhia que não ocupa o lugar de nenhuma outra, mas nenhuma outra companhia saberia substituir. Ela não lhe oferece qualquer explicação definitiva sobre seu destino, mas tece uma trama cerrada de conivências entre a vida e ele. Ínfimas e secretas conivências que falam da felicidade de viver, enquanto elas mesmas deixam claro o trágico absurdo da vida. De tal forma que nossas razões para ler são tão estranhas como nossas razões para viver. E a ninguém é dado o poder para pedir contas desta intimidade."[2]

A leitura entra na sala de aula como fato comum, mas tão im-

> Explorando diariamente as situações de pesquisa e observação de atos de leitura e escrita, o professor estará ampliando o contato de seus alunos com a língua escrita, o que é especialmente importante quando este contato não acontece com freqüência fora da escola. A leitura diária, seja de história ou de outros textos, além de explicitar a função social da escrita, ajuda o aluno a criar um repertório próprio de *língua que se escreve*, o qual pode ser comparado com seu conhecimento de *língua que se fala*.

---

[1] Cf *Documentos de Ciclo 1 de 1995*.
[2] Penac, Daniel. *Como um romance*, Rio de Janeiro: Ed. Rocco, 1993, p.167.

> Esse tipo de oportunidade é muito mais valioso para a alfabetização do que os treinos visomotores porque ajuda o aluno a desvendar o funcionamento da língua escrita em situações reais, envolvendo uma relação significativa com os textos escritos.

portante que possui um momento especial em nossa rotina. Leio, para meus alunos, contos de fadas, fábulas, lendas e contos contemporâneos, por onde caminhamos juntos, aventurando-nos por mundos imaginários e fantásticos que vão preenchendo esses momentos com novas cores e sabores e que, cada vez mais, vão contando com a apreciação das crianças.

Em outras situações, reencontrar essas histórias, algumas tão conhecidas por elas, traz a possibilidade de estarem colocando-se no papel de leitores, passando a ler (no sentido de que extraem significado de um texto já memorizado, tendo como fonte de apoio as ilustrações dos livros) para seus amigos uma história que gostem muito.

Através da minha observação desse fato (que muitas crianças estavam realizando atos de leitura para seus colegas), passei a torná-la uma prática mais organizada.

Atualmente, alguns dias de nossa rotina contam com um período no qual as crianças podem escolher um livro para ler nas mesas, há um rodízio garantido por mim, a fim de que todos passem por essa situação. Alguns contam com a ajuda de companheiros, outros preferem ler sozinhos, mas o mais significativo é que estão criando um espaço de leitura e de relação com essa atividade, muito importante para suas vidas de estudante.

> Escrevemos pela mesma razão básica que faz nos revelarmos frente a um amigo e ameaçar com o punho um inimigo, fazer um nó num lenço ou hastear uma bandeira a meio mastro. Todos estes são diferentes métodos de comunicação, de transmitir (a outros e a nós mesmos) uma mensagem significativa; mas todos têm algo em comum: atrair a atenção de nosso olhar.[3]

---

[3] Moorhouse, A. C. *Historia del alfabeto*. México: Ed. FCE, 1993, p.153.

Alfabetizando

Ao iniciarem o Grupo 3, esses pequenos já passaram por diferentes momentos de aprendizagem e já têm muitas informações sobre o sistema de representação escrita da língua que falam.

Também puderam construir uma série de saberes paralelos a esses, a respeito da linguagem escrita. São produtores orais de textos em linguagem escrita, no sentido de que são capazes de resgatar, de memória, uma série de parlendas, poemas, trava-línguas, histórias em quadrinhos, histórias maravilhosas, contos e etc.

> A aprendizagem de parlendas e trava-línguas como material no ensino da língua escrita tem sentido e significado para os alunos porque, com sua forma divertida e ritmada, são antes de mais nada objetos de brincadeiras e jogos durante suas atividades espontâneas.

O BIFE

ONDE É
QUE ESTÁ
MEU BIFE?
FUGIU DO AÇOUGUE
SUMIU DA COZINHA
NO PRATO NÃO ACHO
QUEM SABE ME DIGA:
SERÁ QUE MEU BIFE
ESTÁ NOUTRA BARRIGA?

MEU BIFE
ERA
A CAVALO:
UM OVO
ESTALADO
COM BATATA FRITA
PORÉM ME LEMBREI
SENDO BIFE A CAVALO
FUGIU NO GALOPE
NÃO VOU MAIS ACHÁ-LO

JOSÉ PAULO PAES

LÁ NA RUA 24
UMA MULHER MATOU UM SAPO
COM A SOLA DO SAPATO

O SAPATO ESTREMECEU
A MULHER MORREU
UBU BU BU
QUEM NÃO SAI É O TATU

ANIMAIS BRASILEIROS QUE O GRUPO 3 DA TARDE VAI ESTUDAR

ANTA
ARARA-AZUL
BOTO COR-DE-ROSA
JAGUATIRICA
LOBO GUARÁ
MACACO ARANHA
ONÇA PINTADA
PIRANHA
SUCURI

AS HISTÓRIA PREFERIDAS DO GRUPO 3 DA TARDE
1º *Cinderela*
2º *A Bela e a Fera*
3º *Quem tem medo de dragão*
4º *A Bela Adormecida*
Rapunzel
O Caso do Bolinho
5º *Pedro e o Lobo*

O ambiente das salas é estruturado de maneira a oferecer diversas oportunidades para que possam obter informações, alimentando sua curiosidade também em momentos que o professor não interfere diretamente em sua atividade.

Há informação sobre a língua que escrevemos em diversos textos afixados nas paredes da sala de aula e, agora no Grupo 3, também em suas pastas, onde cada um possui uma cópia de textos de domínio da turma.

Um dos conjuntos de atividades planejadas para a turma que vimos desenvolvendo é o de Leitura e Escrita dos nomes das crianças da classe.

É um desafio para eles identificar e ir apropriando-se da escrita do nome de seus colegas. Por isso, em muitas situações cotidianas em nossa classe, presenciam a leitura e a escrita dos nomes dos integrantes do Grupo 3.

Pensando que poderíamos descentralizar esses atos que ocorriam somente através da professora, planejamos situações de aprendizagem, nas quais estariam sendo responsáveis por atividades de leitura e escrita dos nomes da turma, até então realizadas por mim.

Como, por exemplo:

• Escrever o nome dos colegas para identificar os papéis de desenho; as circulares que devem levar para casa; anotar na lousa quem se sentará a meu lado.

• Ler cartões para saber em que lugar cada criança deve sentar, chamar colegas que vão fazer parte de um jogo, identificar as crianças que serão responsáveis pela atividade de apoio à organização do grupo no dia (os ajudantes).

• Ler os nomes escritos nas etiquetas das circulares que a escola envia para os pais.

• Ler a lista de nomes dos alunos da classe para anotar aqueles que estão presentes e os que estão ausentes a cada dia.

Para apoiar essas atividades, há fichas onde estão escritos seus nomes, e às quais podem recorrer para escrever o próprio nome ou o de colegas.

Agora, no final do mês de abril, durante a supervisão da Dra. Liliana Tolchinsky sobre o trabalho que desenvolvemos no Grupo 3, pudemos avaliar a importância de estarmos garantindo o acesso dos pequenos a textos que circulam no ambiente não escolar. A possibilidade de estarem escrevendo textos portadores de mensagens que podem ser lidas por outras pessoas, como a professora, outras classes, seus familiares, outros colegas e etc., faz com que, além dos conhecimentos sobre como se escreve, construam saberes sobre por que e para que escrevemos (num contexto real de uso de suas produções).

Desse ponto de vista, as atividades realizadas na escola perdem seu caráter estritamente escolar e passam a privilegiar a funcionalidade nas situações de aprendizagem que estão sendo propostas.

Acreditamos que essas situações, nas quais os alunos estão envolvidos significativamente, são fundamentais na formação de vínculos favoráveis com a leitura e a escrita, contribuindo com seus esforços crescentes feitos em busca da compreensão do nosso sistema de escrita.

Cito alguns exemplos relacionados a essa orientação:

- Escrever (a partir de modelos) lembretes sobre coisas que precisam realizar em casa ou trazer para escola.
- Escrever mensagens para a família e para colegas de outras turmas.
- Escrever na lousa o nome da história que será lida pela professora (com ou sem modelo).

- Escrever o nome da história que mais gosta para atividade de listagem das "preferidas do grupo".
- Atualizar a agenda de telefones e aniversários.
- Identificar as pastas individuais de trabalho escolar, entre outras.

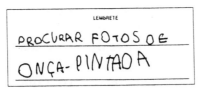

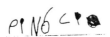

Embora o trabalho do ano esteja em seus primeiros três meses, podemos observar uma evidente mudança de postura nas crianças da classe, tanto no que se refere à forma como vêm realizando seus trabalhos como nas atitudes daí decorrentes, tais como o crescente interesse que mantêm em relação às atividades de escrita espontâneas (são chamadas espontâneas as escritas que realizam sem terem sido solicitados para tal).

- "*Como faz vinte e três?*"
- "*Ah, é o dois e o três, assim oh!*"

Outro aspecto do trabalho realizado esse semestre, e que foi supervisionado pela Dra. Liliana Tolchinsky em conjunto com as questões de leitura e escrita já descritas anteriormente, foi o das Notações Numéricas.

Visando à construção de conhecimentos sobre o sistema de notação de números em algarismos arábicos, a programação da classe procura definir atividades significativas, envolvendo situações de leitura e escrita de expressões numéricas.

"Ao iniciarem o Grupo 3, as crianças conhecem diferentes formas de representar quantidades; a dos dados (que aprendem a ler em situações de jogos, desde o grupo 1), as pessoais (pontinhos, tracinhos, bolinhas, desenhos) e os algarismos arábicos, que aprenderam a recitar e reconhecer como portadores de quantidades; muitos já sabem lê-los, mas ainda não sabem grafá-los com habilidade."

Em nossa sala de aula, há informação visual sobre a escrita de números em objetos utilizados pelo grupo diariamente: calendário, relógio, tabuleiros de jogos e agendas de aniversários e telefones. Há também a seqüência dos algarismos arábicos (0 a 9) afixada na lousa.

A supervisão sobre esse trabalho veio ressaltar a diferença existente entre os conhecimentos notacionais que a criança possui e os conhecimentos operacionais que vêm utilizando para resolver problemas que envolvam quantidades.

Passamos a centrar nosso olhar nessa distinção, e a propor atividades que têm como objetivo principal colocar desafios em relação às diferentes notações numéricas que encontramos em nosso meio, por exemplo: datas, índices numéricos em livros, o número das páginas e etc.

> O professor pode inspirar-se nas situações espontâneas que ocorrem fora da escola para criar situações de aprendizagem escolar. Quando é assim, as atividades ajudam os alunos a refletirem sobre para que serve e como é utilizada a língua escrita na vida real; e não em situações artificiais e sem significado.

A seguir, relatarei algumas das intervenções que temos planejado e realizado para alimentar esse processo de aprendizagem.

Dentre as atividades de rotina, há aquelas que envolvem a escrita de números, como, por exemplo:

- Escrever a data em todos os trabalhos que realizam individualmente. (Nesse momento da escolaridade, eles já entendem a importância da datação e nomeação dos seus trabalhos).

- Anotar o número de crianças presentes e ausentes na sala de aula.

- Anotar o número de objetos encontrados no parque e encaminhados às classes e ao armário de achados e perdidos (atividade realizada diariamente pelo Clube da Limpeza).

- Registrar o resultado de lances de dados em jogos de mesa.

- Realização de censo de crianças que utilizam o mesmo parque.

O aprendizado da notação de números tem acontecido como parte de muitas atividades que vêm realizando em função de tarefas significativas no cotidiano da classe. Fazemos de modo que os pequenos se envolvam com elas de forma lúdica e, ao mesmo tempo, desafiadora.

A essa altura do ano, já podemos dizer que esse trabalho tem contribuído bastante para que os pequenos avancem em seus saberes sobre como se escrevem os números, inclusive desenhando-os com mais competência e desenvolvendo formas de organizar e dispor essas grafias no espaço. Como pode ser visto nos exemplos da **pági**na seguinte.

42 Zélia Cavalcanti (coord.)

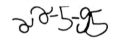

LÍNGUA ESCRITA
EM CLASSES DE CICLO 2
(6 A 8 ANOS)

A alfabetização tradicional sempre privilegiou o domínio da técnica de escrever, restringindo-se ao conhecimento do alfabeto, da combinação das letras e sílabas e da combinação das letras; privilegiando a memorização e a reprodução como estratégias para ensinar. No entanto, a alfabetização é um processo amplo e abrangente, e ler e escrever são possibilidades reais, muito antes da possibilidade de escrever convencionalmente.

Para nós, estar alfabetizado ultrapassa o domínio do código da escrita; envolve também o domínio da linguagem e da multiplicidade de funções da língua. Estar alfabetizado pressupõe reconhecer e relacionar as informações variadas e especificamente organizadas nos diferentes tipos de textos presentes nas diversas práticas sociais ligadas à escrita.

Iniciamos o trabalho recuperando as experiências escolares e extra-escolares, socializando as informações e oferecendo novas oportunidades. Nessas "novas oportunidades", o professor tem um papel muito importante: informa, propõe, coletiviza, apóia, incentiva, demonstra, pergunta, etc. As situações que planeja para seus alunos são pensadas de forma a garantir o acesso à diversidade e qualidade dos textos que existem hoje em nossa sociedade. O material didático utilizado são os próprios textos de circulação social: jornais, receitas, cartas, histórias encantadas, mitos, fábulas, poemas, entre tantos outros.

Nosso objetivo é que as crianças possam desenvolver inúmeros conhecimentos sobre a Língua Portuguesa e que possam chegar ao final do Ciclo 2 lendo e escrevendo convencionalmente, com fluência e prazerosamente.

> **Grupo 4 - Tarde**
> **1º Semestre / 95**
> **Ana Cláudia Rocha**

Em nossa classe, as crianças apresentam suas escritas a partir de hipóteses diferenciadas, atribuindo ao grupo uma característica de heterogeneidade nesse aspecto. Assim, incentivar as trocas e permitir que as crianças sejam informantes e colaboradores nesse processo quando nos parece muito adequado. Pedir que as crianças escrevam em duplas, na qual uma criança dita uma história enquanto a outra a escreve, é uma possibilidade muito interessante, na qual cada um, na sua função, ocupa-se em produzir a língua que se escreve.

Para nós, longe de ser um obstáculo, a heterogeneidade é muito bem-vinda nesse momento do processo de alfabetização, pois é considerando os diferentes pontos de vista e confrontando as idéias que possuem sobre a escrita que as crianças avançam na compreensão dos processos de leitura e escrita.

À medida que o grupo interage e em que, ao mesmo tempo, são valorizadas as produções de cada um, é perfeitamente possível que as diferentes hipóteses das crianças convivam no mesmo espaço da sala de aula.

> A heterogeneidade do grupo é uma constante na maioria das salas de aulas. Ao invés de lutar contra isso e tentar homogeneizar o grupo (tarefa quase impossível, uma vez que os ritmos de aprendizagem são individuais e dependem de muitas variáveis), o professor deve procurar fazer com que essas diferenças joguem a favor do processo de aprendizagem. Estimulando o intercâmbio entre os alunos, ele fará circular mais informações na sala de aula, mais questionamentos, e, através dos diálogos que surgirem, poderá conhecer as hipóteses de cada membro do grupo.

Essa possibilidade de escrever (ainda que não convencionalmente) explicitada nas mais diversas situações favorece a confrontação dessas hipóteses e conseqüentemente o avanço delas. Selecionei alguns textos em que as crianças escrevem fazendo uso de diferentes hipóteses, os quais revelam que esse é um processo que pressupõe compreensão e construção por parte das crianças.

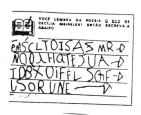

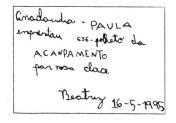

O papel da escola é planejar e executar propostas para que possa haver avanços. A seguir, reproduzo o protocolo da discussão entre alunos numa dessas atividades, que pode explicitar melhor esse processo de aprendizagem. A proposta consistia em escrever uma história conhecida durante o estudo sobre a Grécia: *O pomo da discórdia*. As crianças estavam organizadas em trios e se revezavam nas funções, sendo que ora eram "escribas", ora ditavam; contudo, a decisão sobre como grafar cada parte do texto final deveria sempre ser discutida pelas três crianças. Transcrevo uma dessas discussões:

(*A criança 1 era a escriba.*)
Criança 1: "Agora vamos contar a parte que Júpiter chamou o Páris... Ih! Como vou escrever Páris?
Criança 2: "Ué! Com P-A-R-I-S." (soletrando)
Criança 1: "Eu sei! É que tem que escrever P<u>Á</u>RIS. (Enfatizando a tônica da sílaba PA).
Criança 3: "Tem que pôr um acento. Tem que pôr o acento em algum lugar. Se não puzer no lugar certo fica PA<u>RÍ</u>S. (Enfatizando a tônica da sílaba RÍS).
Criança 2: "Acho que tem que pôr em cima do A, porque eu me lembro do cartaz."
Criança 3: "É, mas e se for no I?"
Criança 1: "Já sei! Vamos pôr no A porque se puzer no I fica dois acentos no mesmo lugar, porque o i já tem o pontinho..."
Criança 3: "É, vamos pôr no A mesmo!!!"
(Neste trecho, a Cça 3 é a "escriba".)
Criança 2: "Você escreveu OLIMPO errado!"
(A criança 3 escrevera OLIÑPO).
Criança 3: "Não, não. Olha aqui O - LIÑ - PO. Está tudo certo!"
Criança 2: "Não as letras, é o til!"
Criança 1: "É, porque quando a gente escreve O N e O M não precisa pôr mais o til..."

> O professor não deve agrupar sempre os alunos que estão no mesmo estágio, mas também não deve separá-los o tempo todo. Deve haver equilíbrio na formação de subgrupos, de modo que os desafios (não necessariamente os mesmos) existam o tempo todo para todos.

Criança 3: "Então tá, é só tirar o til...."

Exemplos

O POMO DA DISCORDA A

NÃO SEI CE ESTA ESTORIA É VERDADEIRA
ERA U M VEIS NO OLINPO OYDEOS DEUSES
GREGOS MORAVA O ES ESTIAU MADEUSA
DAS BRIGAS XAMADA DISCORDIA EELA FOIES
PUNSADA DO OLINPO PELO JUPITER PORQUE
ELA GOSTAVA DA S DRIGAS A DISCOR-
DIA FICOU MUITO BRAVA E QUER IAVINGANSA

O FERESEU A GLÓRIA A VITÓRIA A ASPA-
TALIAS VÊNUS OFERESE O A MULHER-
MAIS BELA NI O PÁRIS ESCOLHEO A VEN
US A DEUSA MAIS BELAE VÊN US GANHO.
U A MAÇÃ DE OURO FIM

ELA VOU TOU NO OLINPO NA REUNIÃO
SOU SESI DISSE PARA A MINERVA E
PARA JUNO E PARA VENOS A MAIS BONITA
GANHARIA UMA MAÇÃ DE OURO
A SE QUERIA O GANHAR A MAÇÃ
DE OURO E FICOU A BRIGA E O JUPI-
TE. RCHAMOU PÁRIS PARA ESCOLHER
A MAIS BELA

O PUBLICO DA JUNO DISIA UNO UNO
UNO QUEN GANOU FOI A JUNO O PUBLI-
CO DA MINERVA DISIA ERVA ERVA
ERVA QUEM GANHO FOI A MINERVA
O PUBLICO DA VENOS DISIA VENOS
VENOS VENOS E SAVO SE EU M BELE-
SA JUNO OFERESEU OREINA-
DO MAIS RICO DO MUNDO MINERVA

Diante dessas produções, é possível identificar todas as questões envolvidas no ato de escrever. As crianças tinham como desafios: selecionar e articular as idéias, organizá-las em uma história e escolher quais letras seriam utilizadas. Dividir, compartilhar essa responsabilidade é muito interessante e favorece o avanço das crianças em relação à compreensão dessas questões.

O trabalho com nomes

No 1º bimestre, realizamos um intenso trabalho com o Nome Próprio em nossa classe, através de jogos de bingo, memória e mico confeccionados pelas próprias crianças, além de diversas brincadeiras realizadas em roda; o objetivo era que os nomes das crianças da classe constituíssem um conjunto de palavras conhecidas, ou melhor, um repertório comum de palavras estáveis que pudessem ser uma fonte rica de investigações, pesquisa e informações.

O que é chamado de *palavra estável* (referida em relação ao repertório de nomes próprios) pode também ser chamado de *modelo*, como faz Ana Teberosky. No trecho abaixo, essa autora justifica o trabalho com as *palavras estáveis*, ou *modelos*:

1. O modelo dá informação à criança sobre as letras, tanto de sua forma convencional como do valor qualitativo, diferenciador e indicador da presença de uma palavra.
2. O modelo dá informação sobre a quantidade de letras necessárias para escrever o nome.

3. O modelo dá informação sobre a variedade, posição e ordem das letras em uma escrita convencional.
4. Finalmente, o modelo serve de ponto de referência para confrontar as idéias das crianças com a realidade convencional da escrita.[1]

Assim, estabilizar o nome implica reconhecer quais são as letras que o compõem e em que ordem. Escrever o próprio nome e reconhecer os nomes das crianças da classe é fundamental nesse processo.

Posso afirmar que o fato de ter investido nestas informações durante esse semestre possibilitou incontáveis avanços da classe em geral.

---

[1] Ferreiro, Emilia; Teberosky, Ana. *Psicogênese da língua escrita.* 4.ed. Porto Alegre: Artes Médicas, 1991.

> **Grupo 4 - Manhã**
> **1º Semestre / 95**
> **Paula Stella**

LÍNGUA PORTUGUESA: SITUAÇÕES DE APRENDIZAGEM DA LEITURA E DA ESCRITA

Antes de expor algumas situações de aprendizagem da leitura e da escrita que têm sido propostas na classe, penso ser interessante mencionar circunstâncias em que as crianças têm chance de interagir com a escrita fora do contexto escolar e, com isso, de pensar sobre esse sistema de comunicação e representação, construindo conhecimento sobre ele.

Creio que esse tema é do interesse de vocês, pais de crianças em processo de alfabetização. Considero tratar-se de assunto oportuno, uma vez que, pela minha experiência anterior, suponho que desejam contribuir para que esse aprendizado tão valorizado socialmente ocorra da melhor maneira possível, no tempo previsto.

- **Convivendo com a escrita existente fora da escola:**

  É preciso comentar que até há pouco tempo atrás, antes do advento da Psicogênese da Alfabetização[1], muitos de nós não suspeitávamos da existência de um enorme leque de situações da vida cotidiana nas sociedades contemporâneas, nos quais um sujeito certamente vai construindo conhecimento sobre a escrita. Elaborei um rol de algumas delas sem ter a pretensão de esgotá-las, mas apenas com a finalidade de chamar a atenção para alguns casos em que o contato do sujeito aprendiz, no nosso caso as crianças do Grupo 4, com a escrita pode trazer bons frutos.

- **Passear com adultos leitores:**

  Durante um passeio pela cidade, muito provavelmente a criança irá deparar-se com informações escritas: placas na rua, nos ônibus, *outdoors*, nomes de estabelecimentos comerciais, rótulos de mercadorias, equipamentos de segurança (como: extintor de incêndio, saída de emergência), etc. É provável que tente ler esses escritos, deixando evidentes as idéias que tem sobre a escrita e a leitura. Outra possibilidade é a de que peça para seu acompanhante mais experiente ler para ela o que os símbolos querem dizer. Essa é outra ocasião de estar em contato com importantes aspectos da escrita, como, por exemplo: que serve para informar; que é composta de sinais que são combinados para comunicar algo; que existe uma grande variedade de tipos de letras (de imprensa, cursiva, de forma, etc.), e que a leitura se apóia nos símbolos usados na escrita.

---

[1] Investigação científica realizada inicialmente nos anos 70 por Emília Ferreiro e Ana Teberosky, pesquisadoras argentinas preocupadas com os altos indíces de fracasso escolar na América Latina. Atualmente, a pesquisa continua sendo desenvolvida e conta com a colaboração de outros autores.

- **Ir a uma livraria ou à banca de jornais e revistas:**

    Auxiliar a criança ainda não leitora a escolher um objeto portador de texto, como, por exemplo, um livro, um gibi, uma revista, é também uma ocasião de conversar sobre a escrita. No momento da escolha, pode-se ajudar a criança a fazer relações com outros textos semelhantes que ela possui ou já conhece, com personagens de quem ela gosta, com coleções que aprecia e com tipos de textos favoritos — poesia, contos de fadas, histórias engraçadas, histórias rimadas, histórias de suspense ou outros assuntos pelos quais se interesse. Pode-se ainda convidá-la a conhecer outros tipos de texto.

    Em um momento posterior, será preciso ler para a criança o texto comprado. Durante a leitura, uma infinidade de aspectos podem ser notados pelo ouvinte que observa e toma parte no ato de leitura. Entre eles estão: a existência de uma orientação correta para a leitura (da esquerda para a direita, de cima para baixo); a utilização de um tipo de linguagem diferente daquela que usamos ao falar informalmente (no caso dos livros e das revistas de assuntos científicos, principalmente); a possibilidade de transcrição da fala (no caso específico das histórias em quadrinhos); a utilização de títulos ou o nome do que será lido, que se relacionam com o conteúdo e dão ao leitor uma idéia do que virá em seguida.

- **Presenciar a escrita feita pela mãe ou por outro adulto em uma lista de compras:**

    Sabemos que a criança que vive em um meio onde a escrita está presente pensa desde cedo sobre suas funções, características e sobre seu valor. Através desse seu pensar, vai criando hipóteses sobre a linguagem escrita que se aproximam sucessivamente do conhecimento socialmente construído. Nesse caso, por exemplo, ela pode reparar na organização desse tipo de texto, nas letras usadas para escrever os diferentes itens da lista. Caso já conheça a escrita de determinadas palavras (nomes de parentes ou de colegas, entre outros), poderá estabelecer comparações do tipo:

- "*Olha a letra do fulano!*", enquanto aponta para a letra que, de fato, está contida no nome mencionado. (Em geral, em um primeiro momento de seu aprendizado, são as letras iniciais dos nomes que mais chamam a atenção das crianças).

A partir dessa observação, pode ser que aconteça uma conversa entre a criança e o adulto sobre as letras do alfabeto, seu nome, sua utilidade para escrever outras palavras e, quem sabe, até mesmo sobre seu valor sonoro (o som que a letra representa naquela palavra).

Não apenas a confecção de listas de compras, mas, na verdade, todos os atos de escrita contextualizados que possam ser observados pela criança e, conforme sua idade e interesse, inclusive experimentados por ela, com o auxílio cada vez menos necessário do adulto, permitem que estabeleça com a escrita uma relação que lhe confira o *status* de objeto de conhecimento, permitindo que se disponha a investigá-lo.

- **Observar um adulto consultando uma agenda telefônica:**

Pelo que já foi mencionado, não é difícil imaginar o tipo de conhecimento implicado nessa situação tão corriqueira.

Além do que já disse sobre o aprendizado das letras e dos nomes, é preciso mencionar que essa situação de consulta implica também o contato com a ordem alfabética, como, aliás, ocorre com outros portadores de texto que são organizados levando-se em conta a seqüência das letras em nosso alfabeto (enciclopédias e dicionários, entre outros).

A utilização desse instrumento pode ser ilustrativa do fato de que uma das funções da escrita desempenhada para seus usuários é a de auxiliar a memória. Saber que escrevemos quando não desejamos esquecer algo que consideramos importante

---

Quando o professor observa que seus alunos não tiveram oportunidades extra-escolares, deve planejar uma série de situações que favoreçam a interação com a escrita e devem explicitar seus atos de leitura e escrita para eles. Ou seja, ele deve ampliar e enriquecer o ambiente alfabetizador de seus alunos.

para nossas vidas (no caso, o telefone e ou o endereço de pessoas conhecidas) é ter conhecimento de uma importante função da língua escrita. Na origem desse conhecimento produzido pela humanidade ao longo de sua história estava justamente a necessidade de registrar informações, evitando que se perdessem no tempo.

Também a observação de outros atos de leitura realizados por leitores experientes, como, por exemplo, a busca de informações contidas em um jornal, ou mesmo uma leitura compartilhada de matéria da imprensa capaz de despertar o interesse ou a curiosidade de membros da família, poderá alimentar o pensar da criança sobre a escrita.

- **Outras situações do convívio familiar que podem ser significativas para a construção do conhecimento sobre a escrita:**

Inúmeras outras situações de uso ou produção de escrita poderiam ser citadas com o intuito de ampliar a relação das oportunidades que podem ser aproveitadas pela criança para que aprenda a ler e escrever. Contudo, creio ser suficiente mencionar apenas mais algumas: a leitura de cartas ou cartões enviados por parentes ou amigos da família, o contato com a produção de recados e cartas para pessoas ausentes no momento da escrita, a observação da confecção de algum alimento a partir das instruções contidas em uma receita culinária. A participação freqüente nessas situações permitirá que a criança vá observando que diferentes tipos de texto possuem organização e propósitos diferentes. Além dessas distinções, a criança vai progressivamente conhecendo o tipo de linguagem mais adequada a cada tipo de texto e circunstância de uso.

Como se vê, a participação das crianças em situações as mais variadas de produção e interpretação da escrita, tal como costumam ocorrer fora dos muros da escola, pode trazer contribuições até pouco tempo atrás inestimadas para o processo de alfabetização.

- **Pensando sobre a escrita na Escola da Vila:**

Passo agora a relatar o trabalho que temos feito na classe do Grupo 4, orientado pela intenção de dar continuidade ao processo de alfabetização que teve início já há muito tempo, e que tem sido alimentado por infinitas situações de contato com a escrita, as quais têm lugar dentro e fora da escola.

Existem dois grandes objetivos que presidem o trabalho de língua portuguesa junto às crianças: um deles consiste em alimentar o processo pelo qual elas compreendem o funcionamento de nosso sistema alfabético de escrita, e o outro consiste em propiciar a ocorrência de um processo denominado de letramento — através do qual o indivíduo constrói conhecimento sobre a língua que se escreve, ou seja, o tipo de expressões que mais comumente encontramos nos textos escritos. (Como se pode notar, esses dois tipos de conhecimento são estreitamente relacionados, e foram contemplados nas situações extra-escolares mencionadas anteriormente.) Em nossa classe, eles geram atividades que em muitos casos pretendem favorecer o desenvolvimento de ambos os processos simultaneamente.

Em relação ao primeiro objetivo citado, é necessário que se diga que as crianças que compõem nosso grupo encontram-se em momentos distintos desse processo (como, aliás, costuma acontecer com outros grupos de alunos dessa mesma faixa etária, não apenas em relação à alfabetização). Assim sendo, crianças que já sabem ler e escrever da maneira convencional convivem com outras que escrevem e lêem de acordo com suas hipóteses particulares a respeito da escrita. Tais hipóteses não correspondem ao modo de ler e escrever que é socialmente aceito.

Em locais em que as práticas pedagógicas são calcadas em concepções tradicionais acerca do aprendizado da leitura e da escrita, as produções e as estratégias resultantes das hipóteses particulares que as crianças criam ao interagir com a escrita são consideradas errôneas e, portanto, merecedoras de uma pronta correção.

Em nossa classe, elas são vistas como a possibilidade de compreensão das crianças em determinado momento de seu processo de alfabetização. Minha preocupação é a de criar situações apropriadas para que meus alunos avancem de tal maneira que suas hipóteses se aproximem cada vez mais do conhecimento socialmente construído.

Um tipo de atividade que pretende propiciar a construção de conhecimento sobre nosso sistema alfabético de escrita é aquele cuja intenção é a de que as crianças aprendam a escrever algumas palavras convencionalmente. São chamadas de "palavras estáveis" porque sua grafia não é variável ao sabor das diferentes hipóteses acerca da escrita. (Palavras que as crianças são capazes de escrever e ler antes mesmo de dominarem a base alfabética, dando a impressão aos mais desavisados de que já são capazes de ler e escrever convencionalmente qualquer coisa.) A importância da estabilização de algumas palavras está em que elas sirvam como fonte de uma série de informações para seus usuários.

No Grupo 4, desde março, temos realizado atividades que têm a finalidade de tornar estáveis algumas palavras significativas para o grupo, tais como: os nomes de todos os colegas da turma, nomes de animais ou de personagens de histórias em quadrinhos. Tais atividades podem configurar-se de modos bastante variáveis. Alguns exemplos que me ocorrem são: confeccionar cartazes, produzir agenda telefônica com nomes e números de telefones de todas pessoas da nossa classe, realizar jogos como **bin**gos, memórias, brincadeiras como caça-palavras (em diagra-

> A imersão num ambiente rico em eventos nos quais a língua escrita tem papel de destaque é importante para a alfabetização, mas não é suficiente para tornar o aluno capaz de utilizá-la com autonomia. Para isso, é necessário um equilíbrio entre atividades pontuais, para aprender a ler e escrever, e situações de imersão, nos quais a participação dos alunos é mais espontânea e pouco controlada pelo professor.

mas ou no interior de textos) e, ainda, produzir listas dos mais diferentes tipos para os mais diversos fins (para registrar os integrantes de uma equipe de jogo na aula de Educação Física, etc.).

Também as situações em que proponho que escrevam textos que já sabem de memória têm sido avaliadas como adequadas a esse objetivo, consistindo em outro tipo de atividade que faz parte de nossa rotina de trabalho. Nelas, as crianças são desincumbidas de inventar o texto a ser escrito, podendo assim concentrar sua atenção e seu esforço na escrita das palavras (decidindo que letras utilizar, como combiná-las, em que local da folha escrevê-las). Se, além dessas questões, as crianças tivessem ainda que se preocupar com a criação do conteúdo do texto a ser escrito, a tarefa seria bastante complexa e, provavelmente, não traria bons resultados.

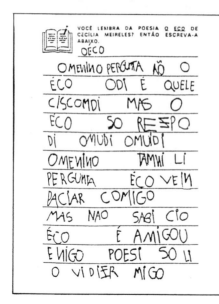

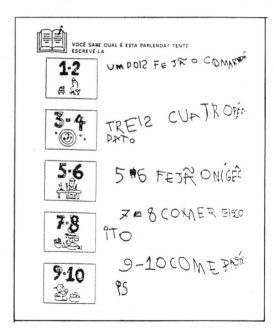

Outro tipo de atividade que realizamos pensando em favorecer a compreensão do funcionamento alfabético de nosso sistema de escrita consiste na leitura de textos já bem conhecidos pelos membros do nosso grupo, sendo tão familiares e dominados que chegam a ser memorizados pelas crianças. Nas ocasiões em que sua leitura é proposta, cada um tem em mãos o texto escrito — que pode ser de um poema, uma parlenda, letra de música, história em quadrinhos — e após um tempo de observação individual do mesmo, todos fazemos uma leitura coletiva em voz alta. Mesmo as crianças que ainda não lêem convencionalmente participam dessa situação, fazendo de conta que lêem, quando, na verdade, declamam o texto que dominam de memória, realizando o que chamamos de pseudoleitura. Ao fazer isso, podem observar vários aspectos da escrita e como é feita sua interpretação.

> Em diferentes momentos do processo de alfabetização, a pseudoleitura se apresenta como uma proposta que dá espaço aos alunos para realizar análises cada vez mais elaboradas sobre as relações entre a língua falada e a escrita.

A fim de evitar mal-entendidos, considero importante deixar claro que a heterogeneidade do grupo, no que diz respeito à aquisição da base alfabética, longe de constituir um obstáculo ao desenvolvimento do trabalho nessa área, faz com que as crianças interajam de maneira produtiva. Em outras palavras, as próprias crianças, muitas vezes, agem como informantes umas das outras, compartilhando com os colegas as informações que possuem. Um exemplo bastante ilustrativo desse fato ocorreu em abril, quando, durante a explicação de uma atividade de escrita, uma das crianças do grupo se prontificou a sugerir um tipo de procedimento que poderia ser usado de modo a facilitar a tarefa:

> Os grupos nos quais há uma moderada heterogeneidade podem ser um instrumento de grande utilidade.

" Para escrever palavras que a gente não sabe é só pensar nos nomes das crianças da classe e ver se dá para usar uma parte deles. Por exemplo, se tiver que escrever GATO, lembra do começo do nome do GABRIEL."

Aproveito para acrescentar que a heterogeneidade tende a ir diluindo-se ao longo do ano, uma vez que o convívio com os textos, com as propostas cotidianas de leitura e/ou de escrita e a enorme quantidade de informação em circulação fazem com que as crianças evoluam, cada uma a seu tempo e de acordo com suas possibilidades, em direção à compreensão do funcionamento alfabético do nosso sistema de escrita.

Em relação ao objetivo de alimentar o desenvolvimento do processo de letramento, é bom que se diga que em nossa classe há diversos tipos de textos especialmente selecionados para que haja contato das crianças com eles: histórias em quadrinhos, poesias, textos informativos (como os enciclopédicos), textos jornalísticos, livros de literatura infantil contemporânea, adaptações de obras da literatura universal, mitos, fábulas, além dos velhos conhecidos contos de fadas.

Passo agora a relatar algumas atividades de língua portuguesa que se relacionam com esses tipos de texto e com o objetivo acima mencionado.

Inicialmente, desejo comentar sobre a leitura seriada de *O Minotauro*. Apesar de estar relacionada com o estudo da Grécia Antiga, a leitura ligava-se também estreitamente com a intenção de alimentar o processo de letramento.

A leitura dessa obra durou aproximadamente 20 dias, pois foi feita de maneira seriada: a cada dia da semana, lia dois dos 24 capítulos do livro. Antes de ler, procurava fazer com que todos se lembrassem em que parte havíamos parado no dia anterior, para que pudessem acompanhar o que seria narrado na seqüência. Quando ocorria de algum aluno haver faltado e, por isso, perdido a leitura de algum episódio, encarregávamo-nos de colocá-lo a par dos episódios narrados na sua ausência. Algumas disputas pelo direito de contar ao colega as partes consideradas mais interessantes ou emocionantes aconteciam freqüentemente nessas ocasiões.

Apesar do texto diferir das histórias que normalmente lemos para as crianças dessa faixa etária, sabíamos pela nossa experiência anterior que, com um pouco de esforço, todos conseguiriam compreender as aventuras do herói, o jovem Teseu, que, com sua coragem e sede de glória, enfrentou até mesmo o terrível monstro criado pelo tirano Cretense em seu labirinto. As crianças demonstraram ser capazes de envidar os esforços necessários com evidente satisfação. Pensávamos que entrar em contato com um texto literário destinado a jovens e adultos seria uma experiência lingüísticamente enriquecedora, e isso se comprovou verdadeiro sempre que conversávamos sobre esse livro.

No momento, tenho lido para as crianças várias histórias da mitologia grega, e pretendo reservar para o final do estudo dessa civilização a leitura de duas obras da literatura clássica que não poderiam faltar: a *Ilíada* e a *Odisséia*.

As poesias que têm sido lidas e declamadas diariamente em nossa classe integram um outro tipo de atividade, que coloca a criança em contato com a produção cultural de nossa sociedade.

Tenho o cuidado de selecionar poemas que julgo serem interessantes para meus alunos e fico muito satisfeita com a respostas positivas que têm dado a essas escolhas e com o fato de que parecem apreciá-los e orgulhar-se de saber vários deles de memória.

Eis alguns poemas integrantes do nosso já extenso repertório, os quais parecem ocupar a posição de favoritos do Grupo 4 da manhã:

ANDORINHA
ANDORINHA LÁ FORA ESTÁ DIZENDO:
-PASSEI O DIA À TOA, À TOA.
ANDORINHA, ANDORINHA
MINHA CANTIGA É MAIS TRISTE:
-PASSEI A VIDA À TOA, À TOA!

MANUEL BANDEIRA.

Poder contar com uma biblioteca escolar bem organizada, com uma relativa variedade de livros que possam ser utilizados durante as situações de classe, é condição indispensável para que um professor alfabetizador realize um bom trabalho.

```
AS BORBOLETAS
Brancas
Azuis
Amarelas
E pretas
Brincam
Na luz
As belas
Borboletas.

Borboletas brancas
São alegres e francas.

Borboletas azuis
Gostam muito de luz.

As amarelinhas
São tão bonitinhas!

E as pretas então...
Oh, que escuridão!
```
Vinícius de Moraes.

Para ir à Lua

Enquanto não tem foguetes
para ir à lua
Os meninos deslizam de patinetes
pelas calçadas da rua.
Vão cegos de velocidade!
Mesmo que quebrem o nariz.
Que grande felicidade!
Ser veloz é ser feliz.

Ah! Se pudessem ser anjos
De longas asas.
Mas são apenas marmanjos.

Cecília Meireles.

PARDALZINHO

```
O pardalzinho nasceu
Livre. Quebraram-lhe a asa.
Sacha deu-lhe uma casa,
Água, comida e carinhos.
Foram cuidados em vão:
A casa era uma prisão,
O pardalzinho morreu.
O corpo Sacha enterrou
No jardim; a alma, essa voou
Para o céu dos passarinhos!
```

Manuel Bandeira.

A PORTA

EU SOU FEITA DE MADEIRA.
MADEIRA, MATÉRIA MORTA.
MAS NÃO HÁ COISA NO MUNDO
MAIS VIVA DO QUE UMA PORTA.

EU ABRO DEVAGARINHO
PRA PASSAR O MENINO
EU ABRO BEM COM CUIDADO
PRA PASSAR O NAMORADO
EU ABRO BEM PRAZENTEIRA
PRA PASSAR A COZINHEIRA
EU ABRO DE SUPETÃO
PRA PASSAR O CAPITÃO.

SÓ NÃO ABRO PRA ESSA GENTE
QUE DIZ (A MIM BEM ME IMPORTA)
QUE SE UMA PESSOA É BURRA
É BURRA COMO UMA PORTA.

EU SOU MUITO INTELIGENTE!

EU FECHO A FRENTE DA CASA
FECHO A FRENTE DO QUARTEL
FECHO TUDO NESSE MUNDO.
SÓ FICO ABERTA NO CÉU!

VINÍCIUS DE MORAES.

Balada do rei das sereias

O rei atirou
seu anel ao mar
E disse às sereias:
- Ide-o lá buscar!
Que se o não trouxerdes,
Virareis espuma
Das ondas do mar!

Foram as sereias,
Não tardou, voltaram
Com o perdido anel.
Maldito capricho
De rei tão cruel!
O rei atirou
Grãos de arroz ao mar
E disse às sereias:
- Ide-os lá buscar,
Que se os não trouxerdes,
Virareis espuma
Das ondas do mar!

Foram as sereias.
Não tardou, voltaram,
Não faltava um grão.
Maldito capricho
Do mau coração!

O rei atirou
Sua filha ao mar
E disse às sereias:
- Ide-a lá buscar
Que se a não trouxerdes,
Virareis espuma
Das ondas do mar!

Foram as sereias...
Quem as viu voltar?...
Não voltaram nunca!
Viraram espuma
Das ondas do mar.

Manuel Bandeira.

Tenho sugerido que as próprias crianças contribuam para a ampliação do nosso repertório, e estou planejando propor uma atividade para assegurar que todos tenham a possibilidade de efetivar essa contribuição.

Outro tipo de atividade realizada com alguma freqüência consiste na reprodução oral de contos de fada ou fábulas conhecidas.

> É importante que, no planejamento das atividades com língua portuguesa, o professor inclua inúmeros momentos cujos objetivos sejam a ampliação da competência de comunicar-se oralmente.

Essa reprodução se faz com o auxílio da memória e é apoiada no conhecimento anterior desses textos. Conhecimento resultante da leitura realizada na classe, quase sempre nos momentos em que diariamente nos sentamos em roda para saborear a oportunidade de conhecer novas narrativas ou de relembrar daquelas já velhas conhecidas. Consideramos que, quando solicitamos às crianças que recontem histórias, estamos propiciando uma rica situação de contato íntimo com a linguagem que se escreve, pois chamamos atenção para a necessidade de que suas histórias se pareçam com aquelas contidas nos livros e de que, portanto, evitem os traços típicos da oralidade. Além disso, permitimos que se coloquem na posição de quem conta algo, reproduzindo assim uma prática cultural bastante disseminada: a de contar histórias, exercitando-se na arte de tornar-se um bom contador.

Concluindo, espero ter sido capaz de deixar transparecer, neste meu relato, o ambiente alfabetizador em que a sala de aula do Grupo 4 vem sendo transformada. Nele, a escrita e a leitura têm sido produzidas pelas crianças de maneira muito interessada, em uma atmosfera prazerosa e instigante para todos nós. Espero também ter conseguido transmitir, ainda que parcialmente, o clima contagiante com que meus alunos têm, de um modo geral, aceito o desafio que a aprendizagem da linguagem escrita lhes coloca, desafio renovado a cada dia pelo desejo de desvendar os mistérios que parecem estar contidos nos atos de leitura e de escrita.

> **Grupo 4**
> **2º Semestre / 95**
> **Paula Stella**

Língua Portuguesa

Recordo-me de que dediquei boa parte do relatório anterior à discussão de algumas questões relacionadas com o trabalho que desenvolvemos na área de Língua Portuguesa, um importante foco das intervenções pedagógicas em classes de Grupo 4.

Imagino que boa parte dos conhecimentos que vêm sendo construídos pelos alunos acerca dos usos, funções e características de nosso sistema de representação escrita esteja sendo observado e alimentado também por vocês, pois a cada dia torna-se mais notável como as crianças dessa turma estão tornando-se leitoras e escritoras!

Por essas razões, pretendo restringir meu relato a dois aspectos que considero significativos do momento em que o grupo se encontra no processo de alfabetização, e que, portanto, são característicos das novas possibilidades de relacionamento com a escrita, frutos do trabalho desenvolvido anteriormente: a leitura e os usos da escrita enquanto instrumento de comunicação e de expressão pessoal.

Em relação ao segundo aspecto mencionado, é preciso comen**tar** que agora que já dominaram o princípio alfabético de escrita ou estão muito próximos dessa conquista, entendendo cada vez mais o funcionamento desse sistema de representação sobre o qual se vêm debruçando já há bastante tempo. Meus alunos têm demonstrado, em inúmeras situações, que estão começando a fazer um uso interessante desse conhecimento: passando a escrever mensagens para outras crianças, para adultos que lhes são familiares ou para elas mesmas, quando desejam recordar-se de algo que consideram importante ou quando, simplesmente, querem exercitar sua capacidade de escrever.

Assim, em nossa classe, diariamente as vemos produzindo bilhetes para os colegas da turma ou para as crianças com quem dividimos a classe, para professores da escola, para seus familiares ou mensagens endereçadas para elas mesmas. Eis alguns exemplos de textos que criaram e registraram:

"Paula, não esqueça de pedir para a Cida um outro plástico para minha pasta de lições."
"Zá: você é a melhor professora de arte que eu já tive!"
"Não posso esquecer de trazer o livro de volta para Maria Lúcia."
"Lira, eu trouxe esses adesivos da Pocahontas para você em troca daqueles que eu peguei da sua pasta. Me desculpe."

Outro tipo de uso espontâneo da escrita tem ocorrido nos momentos em que as crianças decidem usar o tempo da entrada na escola para desenhar. Em geral, produzem, nessa situação, presentes para os colegas ou para nós: elaborados desenhos acompanhados de mensagens que expressam seus sentimentos, como, por exemplo, em:

"De Júlia para Marta com carinho."
"Para Paula e Marta de dia das professoras. 1 beijo."

Outras vezes, esses trabalhos de arte não são produzidos com a finalidade de presentear alguém, mas sim para elas mesmas, sendo feitos em seus cadernos de desenho ou em folhas avulsas a serem arquivadas em pastas. Não é raro que sejam, esses também, acompanhados de pequenos textos: títulos, nomeação de objetos representados, falas de personagens que aparecem no desenho...

Essa convivência da escrita com a representação pictórica tem sido cada vez mais freqüente, e talvez indique que, além da vontade de exercitar a possibilidade de escrever convencionalmente sempre que isso se fizer possível, as crianças estão demonstrando que o novo sistema de representação pode ser solidário àquele já dominado há mais tempo por elas. Uma outra possibilidade é a de que estejam procurando apropriar-se das possibilidades de utilização conjunta da imagem e do texto, explorando as situações em que isso é usual, como, por exemplo, nas histórias em quadrinhos.

Creio que a propriedade com que a linguagem escrita tem sido usada pelos alunos do Grupo 4 se deva, ao menos em parte, ao trabalho que temos procurado desenvolver desde o início do ano, chamando atenção para as possibilidades reais de uso da escrita e da leitura em contextos significativos. Com isso, quero dizer que optamos por tornar a aprendizagem da escrita o menos artificial possível, trazendo para a sala de aula propostas em que o contato com a escrita guarde semelhanças com o contato que temos com ela fora da escola, em nossa vida cotidiana na sociedade urbana em que vivemos. É por essa razão que, ao invés de produzirmos ou adotarmos textos especialmente criados para a alfabetização, preferimos fazer uso de uma ampla gama de textos de circulação social, como é o caso dos textos informativos relacionados aos assuntos que estudamos, das notícias de jornal, das circulares, dos poemas, dos contos de fadas e de outros textos da literatura infantil.

A fim de ilustrar as afirmações anteriores, passo a comentar algumas propostas feitas em nossa classe.

Desde o primeiro semestre, temos feito um uso muito peculiar de nossa lousa, registrando em local visível para todos informações que nos serão úteis ao longo do período em que permaneceremos juntos, como, por exemplo, quando escrevemos a rotina das atividades que serão realizadas em um determinado dia ou quando anotamos recados importantes que não podemos esquecer (crianças que vão visitar colegas, remédios que devem ser tomados em certos horários por alguém da turma, materiais que devem ser requisitados no almoxarifado da escola, lembretes para que os alunos se recordem de levar trabalhos de argila para casa, etc.).

No princípio, a iniciativa de usar o espaço do quadro negro para esse tipo de registro partia das professoras, e as crianças atentavam para ele sobretudo quando solicitávamos que lessem o que se encontrava escrito para, em seguida, conversarmos sobre as informações que puderam obter dessa forma ou sobre nossa decisão de escrevê-las. Hoje em dia, as próprias crianças já assumem a posição daquele que tem mensagens a serem divulgadas, as quais, por isso, são registradas na lousa a fim de que sejam lidas pelos colegas. Além disso, já reconhecem a importância do registro da rotina para que estejam a par do que será realizado com elas, e se dispõem a nos auxiliar na tarefa de colocá-la por escrito ou manifestam seu descontentamento quando por ventura não é possível que seja registrada, pedindo para saber o que está planejado, solicitando que, ao menos, contemos o que está previsto para ser feito.

Pode-se imaginar que nas ocasiões em que usamos a lousa com essa finalidade, além de aproveitar-

AGENDA DOS SONHOS
CANTOS
QUADRA
PARQUE
DANÇA DAS CADEIRAS
CORRE COTIA
PEGA-PEGA
PIC EM CIMA
SAÍDA

mos essas situações para que as crianças ponham em jogo o que já sabem sobre como a escrita representa a fala e com o intuito de que troquem informações sobre isso, ainda desejamos fazer com que observem e abordem questões ligadas aos usos e funções sociais da língua escrita. No caso, conversamos sobre a utilidade do registro como apoio para a memória e também sobre a comunicação que se pode estabelecer por escrito.

Outras situações foram planejadas e realizadas principalmente para que as crianças fossem incentivadas a fazer uso da escrita enquanto instrumento de comunicação, aprendendo a estabelecer uma correspondência com indivíduos não presentes na situação em que um texto é produzido e adequando progressivamente a mensagem à circunstância em que ela será utilizada.

Uma proposta que se encaixa nessa categoria consistiu na carta que escrevemos no final do semestre passado para o Túlio, um menino que integrava nosso grupo, mas precisou voltar a morar no Ceará. Desde que nos separamos dele, havíamos nos proposto a enviar pelo correio notícias do que estávamos fazendo em nossa classe. Após o acampamento, sugeri que escrevêssemos a carta relatando sobre esse evento e sobre o que estávamos estudando naquela ocasião. A proposta foi prontamente aceita, e em segundos começaram a ser ditas perguntas que poderiam estar contidas na missiva, e informações que gostariam que nela constassem. Também o início e a finalização da carta foram sugeridos e fartamente discutidos pelas crianças. O passo seguinte foi o de organizar as inúmeras idéias que foram dadas, blocando-as por assunto e optando por uma ordem de apresentação dos mesmos. Na seqüência, a tarefa proposta às crianças nessa atividade coletiva, que era apenas coordenada por mim, foi a de que ditassem exatamente o que eu deveria escrever sobre cada tópico selecionado (acampamento, estudo sobre os gregos, aprendizagem

> "Queridos amigos,
> Adorei receber a carta de vocês. Estou muito bem. E vocês? Eu gostaria de estar aí com vocês, mas tive que voltar. A minha escola também é muito legal. É a mesma escola em que eu estudava antes de ir para São Paulo.
> Já estudei bastante coisas também e já sei escrever meu nome todo. (...)
> Todos os domingos vou à praia. Adoro comer caranguejo e tomar banho de mar. As praias daqui de Fortaleza são muito bonitas. Gostei de ter voltado, mas sinto muitas saudade daí. (...)
> Até breve amigos!"
> Túlio

da leitura e da escrita, perguntas endereçadas ao colega, ...). Por fim, a carta foi revisada a partir das colocações feitas pelas próprias crianças sobre o resultado inicial de nossa produção, passada a limpo e caprichosamente assinada por todos os alunos do grupo.

A seriedade com que o texto foi produzido com vistas a portar notícias e veicular questões que expressavam carinho pelo colega distante só foi superada pela alegria com que as crianças entraram em contato com a resposta que receberam, e que reproduzo em parte.

Outras situações semelhantes voltaram a acontecer após as férias de julho, quando outra colega da turma, agora uma menina, passou a freqüentar a classe do Grupo 4 do período da tarde. Com ela, trocamos igualmente algumas cartas, com a facilidade de podermos afixá-las no mural da classe e de aguardar um tempo menor para obtermos a resposta. Tal como ocorreu com o uso da lousa como suporte para registro de mensagens variadas, também no caso da correspondência com essa criança as propostas iniciais de produção de pequenas cartas informais, produtos da ação coletiva sob minha orientação, foram sendo substituídas por produções espontâneas e individuais, tratando de assuntos particulares, endereçadas a ela e prontamente respondidas.

Registro nas páginas seguintes a primeira carta para Ana Maria, ao lado da resposta que recebemos, recordando que o processo de produção seguiu as mesmas etapas mencionadas na descrição da proposta anterior.

A produção dessa segunda carta coletiva já contou com muitas informações sobre como esse tipo de texto se organiza e o que, em geral, contém, que haviam sido discutidas anteriormente. O volume das perguntas dirigidas a interlocutora deve-se, creio eu, ao desejo de satisfazer várias curiosidades em relação à nova situação em que ela se encontrava, e também ao trabalho que é feito no período oposto ao nosso, no mesmo espaço que **ocupa-**

mos com crianças que têm a mesma idade que os autores da carta. Imagino também que o fato de que a carta foi escrita logo na segunda semana de aula depois das férias tenha feito com que os alunos tivessem poucas novidades para contar sobre o que estava sendo feito em nossa classe.

A revisão do texto durou mais tempo que a mesma etapa da carta anterior, pois as crianças se depararam com uma questão que puderam observar durante a leitura que fiz do texto que havíamos criado: ele contava com muitos "você", soando repetitivo e monótono. Várias sugestões foram dadas para solucionar esse problema. Elas consistiam em propostas baseadas em dois tipos de alterações: eliminação da palavra que se repetia, omitindo-se o "você", ou substituição por "Grupo 4 da tarde", inserindo a colega na turma da qual ela passou a fazer parte e generalizando a pergunta que lhe fora feita.

Outra questão de que os alunos se ocuparam durante a revisão vinculava-se com o desejo de acrescentar novas informações ao texto ou de reorganizar algumas das perguntas que já se encontravam registradas. Isso possibilitou uma conversa sobre alguns recursos usados por escritores experientes para resolver questões similares (usar asteriscos para marcar uma nova inserção de algum trecho, produzir um ou mais parágrafos após o final do texto sob a forma de *post scriptum*, ...)

Essas situações de aprendizagem que selecionei, assim como uma série de outras que foram propostas, são orientadas por uma meta que desejamos alcançar ao longo da escolaridade: que nossos alunos se tornem usuários autônomos e competentes da escrita. Esperamos criar condições favoráveis para que possam cada vez mais usá-la para comunicar-se, para obter novas informações e, ainda, para apreciá-la, encarando-a como manifestação cultural e artística. Importa-nos que saibam adequar esse uso às situações em que ele é feito.

Sempre que observo meus alunos fazendo uso da leitura ou da

"Escola da Vila, 8 de agosto de 1995

Querida Ana Maria,
Estamos com muita saudade. Você está indo bem no Grupo 4 da tarde? Está conhecendo novos amigos? Os seus amigos novos são legais? Você matou a saudade da Ana Claudia? Ela é tão brava quanto a Paula, quando vocês fazem coisa errada? O que o Grupo 4 da tarde está aprendendo? Você está escrevendo em letra de mão ou de forma? Está conseguindo fazer as lições?

Ana Maria, mande uma carta com as respostas das perguntas que nós fizemos.

Quando você vai vir nos visitar? Nós continuamos gostando de você.

25 beijos e abraços e um beijinho na ponta do nariz.

(seguem-se as assinaturas dos alunos e professoras!)

P.S.: Diga para a Ana Claudia que estamos com saudade dela também!"

> "Queridos amigos,
> Eu também estou com muita saudade. Eu estou indo bem e conheci muitos amigos. Matei a saudade da Ana Claudia. Ela não é brava nem a a Paula, só às vezes. Eu estou aprendendo os Pólos. Já estou aprendendo letra de mão. Estou conseguindo fazer lição.
> Muitos beijos para todos.
> Hoje depois do parque.Eu também continuo gostando muito de vocês.
>
> Ana Maria
> 11-8-95"

escrita para comunicar suas idéias, sentimentos, desejos ou repartir com alguém as informações que possuem, julgo que estamos diante de situações que nos indicam que nosso objetivo de promover uma alfabetização no sentido amplo que esse termo pode ter, de domínio da linguagem que se escreve, está sendo gradualmente alcançado.

No que diz respeito ao outro aspecto do trabalho de Língua Portuguesa que desejo abordar nesse documento, a leitura, é preciso comentar que as atividades que vêm sendo realizadas em nossa classe têm sido pensadas como uma continuidade do que fazíamos anteriormente. Como já acontecia nas classes anteriores e também no início deste ano, desejamos continuar fazendo com que as crianças do Grupo 4 possam estabelecer um bom vínculo com a escrita, obtendo prazer também quando lêem.

Existem alguns princípios que consideramos ao planejar e propor que as crianças participem de atividades de leitura. Um deles, muito importante, consiste em levar em conta que o objetivo primordial de todo ato de leitura é a compreensão do que o sujeito que o realiza deve alcançar daquilo que leu, ou seja, a atribuição de significado ao texto. Trabalhar de acordo com esse princípio implica **uma contraposição radical a algumas práticas pedagógicas nas quais se** observa uma supervalorização da leitura como decifrado, em **detrimento da compreensão dos textos usados no processo de ensino-aprendizagem da leitura e escrita.**

Outro princípio que orienta o trabalho nessa área do currículo desde as classes do ciclo inicial é o de que o aprendizado da leitura depende fundamentalmente das oportunidades de interação com os textos escritos. Quanto melhor for a qualidade do material com o qual os aprendizes da leitura convivem, maiores serão suas chances de se tornarem usuários competentes e criativos da linguagem escrita. Contudo, convém deixar claro que, **apesar de indispensável, o** contato íntimo e freqüente com a **escrita** não é suficiente para que a aprendizagem da leitura e da escrita ocorra. É preciso que haja uma intervenção pedagógica nesse sentido, a fim de que a relação do sujeito com a língua escrita seja mediada, buscando propor desafios adequados a cada aluno e ao momento em que se encontra em seu processo de imersão no mundo letrado, a cada possibilidade de conceitualizar o sistema de representação escrita.

Considero oportuno abrir aqui parênteses para mencionar algo que provavelmente vocês já tiveram oportunidade de observar, uma vez que convivem com crianças em processo de alfabetização: o de que esse processo se caracteriza por ser a um só tempo individual (na medida em que é o sujeito que reconstrói internamente, de acordo com suas capacidades cognitivas, um conhecimento produzido pela humanidade ao longo da sua história) e social (pois depende das informações disponíveis no meio em que vive, dos textos que foram produzidos por outrém,...). Apesar da clara atuação do sujeito aprendiz nesse processo, a atuação pedagógica é também necessária para que as aprendizagens não realizáveis autonomamente possam acontecer, já que parte das propriedades do sistema de escrita não é facilmente percebida, pois não é evidente por si mesma. É o caso, por exemplo, de algumas convenções da linguagem escrita.

> Cabe ao professor selecionar textos potencialmente significativos e de qualidade, como também cuidar das situações em que as crianças são convidadas a interagir com eles, procurando garantir condições favoráveis à formação de leitores fluentes, autônomos e ávidos.

Voltando aos princípios que observamos ao propor situações de leitura, é preciso que se diga que consideramos que, durante o ato de leitura, dá-se um encontro do leitor com o autor do texto, tornado possível pela escrita. Diferentemente do que acontece quando nos comunicamos por meio da fala, ao fazermos uso da linguagem escrita nos encontramos distantes no tempo e no espaço em relação aos nossos interlocutores, mas ainda assim estabelecemos um contato com eles (quer seja quando escrevemos, quer seja quando lemos).

Consideramos que, nesse contato, o leitor busca desvendar o **signi**ficado do que foi escrito por uma outra pessoa, e para isso lança mão de conhecimentos que já possui: conhecimento do mundo que o cerca, conhecimento sobre a língua que se escreve, sobre o tipo de texto com que se está deparando, sobre outros textos que já tenha lido, etc. Dessa forma, o significado de um texto resulta do entrelaçamento daquilo que o sujeito que lê já sabe com o que ele busca saber, as novas informações contidas no material que está lendo, cujo significado pretende conhecer. As informações visuais presentes no texto interagem com informações não visuais já assimiladas pelo leitor, e das múltiplas influências que exercem umas sobre as outras nasce a interpretação daquilo que se pode compreender ao ler.

Outro princípio de nosso trabalho consiste na consideração de que todo leitor, ao relacionar-se com algum material escrito, possui algum objetivo em mente. Os objetivos podem ser bastante variados, entre eles: diversão, obtenção de prazer, conhecimento de idéias, opiniões, hábitos e costumes de outras pessoas ou épocas, obtenção de informações, aprendizagem sobre um determinado assunto, etc. Sabemos que o leitor experiente faz questões que espera ver solucionadas pelo texto e, com o intuito de poder respondê-las, realiza previsões sobre o que encontrará e as confronta com o que, de fato, encontra ao longo da atividade de leitura. (A título de ilustração, podemos pensar em uma situação de leitura de uma narrativa desconhecida de um conto de fadas, por exemplo. Provavelmente, o leitor fará previsões do seu conteúdo a partir da leitura do título do mesmo, acrescentando a elas outras que são possibilitadas pelo progressivo conhecimento de sua trama, desde o contato com as informações contidas na apresentação dos personagens e ambientes da história.)

É, pois, com esses princípios em mente que tenho introduzido em nossa rotina de trabalho atividades, a cada dia mais freqüentes, em que lemos alguns textos, deixando claro aos meus alunos que podem pôr em jogo o que já sabem sobre a escrita, assim como sobre o conteúdo daquilo que lemos, com liberdade para fazer previsões sobre o que encontrarão, mesmo correndo o risco de que elas não se comprovem verdadeiras, o que, aliás, costuma acontecer com qualquer um de nós.

    Passo a relatar algumas dessas atividades. Em primeiro lugar, gostaria de comentar que existem em nossa classe várias situações correlatas ao que mencionei na seção anterior sobre a produção de textos como instrumentos de comunicação. Como não poderia deixar de ser, procuramos fazer com que a escrita e a leitura estejam entrelaçadas ao máximo e que sejam entendidas como processos complementares e mutuamente dependentes. (Aliás, a propósito, a decisão de abordar apenas a leitura nesse trecho do relatório não significa, de modo algum, que as situações cotidianas em que a escrita é proposta tenham deixado de existir, nem tampouco que passaram a ser realizadas com menos freqüência porque consideradas de menor importância.). Assim sendo, as crianças têm sido incentivadas a ler bilhetes endereçados ao nosso grupo, a elas, ou aos seus pais, sendo que nesses casos selecionamos aqueles que tratem de questões que lhes dizem respeito (um caso de piolho na classe ou a realização de um lanche coletivo em conjunto com outras classes, para o qual devem trazer determinado tipo de alimento). Também os momentos em que distribuímos convites para festas de aniversário têm sido dedicados a uma leitura coletiva de natureza diferente do que ocorria anteriormente, quando sua leitura ainda dependia quase que exclusivamente da atuação do professor. Hoje, são os alunos que prontamente se entregam ao desafio de descobrir quando e onde a festa acontecerá, e também a idade que o colega completará por ocasião de seu aniversário.

    De maneira semelhante, atualmente já é possível solicitar que, em alguns momentos, as próprias crianças façam uso do conhecimento que já puderam construir sobre a escrita para que leiam as explicações contidas nas lições que devem utilizar, as "consignas" do que se espera que façam durante a realização de uma tarefa. Nessas situações, assim como em todas as circunstâncias em que existe a proposta de que leiam algo, reservamos um tempo para conversar sobre o que entenderam, sobre as dúvidas que permanecem mesmo após a conclusão da leitura, sobre dificuldades enfrentadas e como elas foram contornadas ou, ao menos, minimizadas, e, nos casos em que isso não foi possível, procuramos discutir o que atrapalhou, qual era o obstáculo que não pôde ser vencido.

A leitura de poemas, tipo de atividade bastante realizada nos semestres anteriores, ganhou alguns matizes novos. Atualmente, estamos realizando pela primeira vez uma leitura compartilhada de um livro de poesias infantis, *A Arca de Noé*, de Vinícius de Moraes. Nela, usamos vários exemplares do mesmo livro, de tal maneira que duas ou três crianças, no máximo, possam acompanhar a leitura coletiva que é feita pelos colegas e professoras. Esse tipo de proposta que se desdobrará na leitura de *O Menino Maluquinho*, de Ziraldo, foi pensada de modo a possibilitar que lêssemos juntos alguns livros, e não mais textos avulsos providenciados pelo professor.

A leitura feita em conjunto é agora substancialmente diferente das pseudoleituras bastante comuns no começo do ano (aquelas situações em que crianças que ainda não podem ler convencionalmente fazem de conta que lêem, apoiando-se quase sempre no conteúdo que já conhecem de memória). Os alunos passaram a apoiar-se no texto para obter pistas e poder compreender o que lêem. Com isso, podemos propor que eles leiam para conhecer novos poemas que constam no livro e que ainda não integravam nosso repertório. Como, porém, são ainda inexperientes na leitura, é freqüente que requeiram um apoio para entenderem determinadas palavras e assim poderem prosseguir lendo, o que é garantido pela possibilidade de contar com a ajuda dos colegas que estão interagindo com o mesmo texto simultaneamente ou com o auxílio dado pelo professor. Em geral, essa leitura compartilhada é feita em duas etapas que se sucedem em um curto intervalo de tempo: em uma delas, quase sempre a primeira, as crianças são incentivadas a ler um dos poemas da obra em voz baixa ou, se possível, em silêncio, cada uma de acordo com seu ritmo, sem se preocupar com os demais, a menos que precisem de algum tipo de informação; na outra etapa, todos lemos simultaneamente o texto selecionado.

Outra novidade dessa atividade de leitura consiste na necessidade de uma familiarização com a letra de imprensa, o tipo de letra mais comumente usado nos livros de literatura infantil. Uma maneira de começar a favorecer essa familiaridade é justamente a de convidar as crianças a lerem poemas que já conhecem bem, atentando para as letras usadas para grafar cada um de seus trechos (estrofe, verso, palavra).

Ainda com relação à leitura compartilhada, é preciso salientar um aspecto que consideramos digno de atenção: nossa experiência tem-nos mostrado que, para algumas crianças, essa é a primeira oportunidade que têm de se perceber como capazes de ler um livro inteiro, como se a leitura coletiva da qual participam fosse um passaporte para leitura de novos livros, sentindo-se autorizadas a fazê-lo depois de terem tomado parte nesse ritual que realizamos juntos ao longo de alguns dias, no qual saboreamos um pouco do prazer que a leitura pode oferecer aos seus usuários.

 LEIA O TEXTO ABAIXO:

UMA FORMIGA

UMA FORMIGA EM MINHA BOCHECHA
FAZIA DE TUDO PARA SER NOTADA.
FORMIGA LEVADA!
MORDIA MINHA CARNE DE LEVINHO
E DO MEU NARIZ FAZIA SEU NINHO.

AGORA ESCREVA UMA LISTA DAS PALAVRAS QUE VOCÊ SABE QUE NÃO FAZEM PARTE DO POEMA DE ALMIR CORREA, COLOCANDO AO LADO DELAS AS PALAVRAS USADAS PELO AUTOR.

PALAVRAS TROCADAS	PALAVRAS DO TEXTO ORIGINAL
BOCHECHA	BARRIGA
LEVADA	DANADA
LEVINHO	VAGARINHO
NARIS	UMBIGO

Os poemas também têm-se prestado a outro tipo de atividade criado especialmente para as crianças dessa classe já há dois anos, tendo-se em vista sua condição de leitores recentes e, conseqüentemente, ainda pouco fluentes e autônomos. A observação de que muitas crianças recém-alfabetizadas realizavam as atividades de leitura que lhes eram propostas de maneira bastante presa ao decifrado do texto, perdendo de vista, com freqüência, o significado daquilo que liam — esquecendo-se de parte do que haviam acabado de processar, tendo que voltar a lê-la e perdendo-se nesses movimentos de vaivém — nos fez pensar em criar situações em que a compreensão do texto lido estivesse novamente em primeiro plano. Uma das maneiras que encontramos para realizar esse intento foi a de propor a leitura de textos que os alunos já conheciam bem, poemas que sabiam de memória, mas que continham pequenas alterações (palavras que não faziam parte da versão original), que deveriam ser encontradas e assinaladas. A busca das palavras ou expressões "trocadas" é facilitada pela fluência com que os leitores iniciantes podem ler textos cujo conteúdos já conhecem, e contempla a possibilidade de fazer uso de previsões e indícios oferecidos pelo texto, acerca de onde se encontram, ou de quais são as alterações que devem ser identificadas.

Tendo observado a realização de atividades desse tipo, posso afirmar que as lições dessa categoria foram sempre realizadas pelas crianças desse grupo de modo a explicitar seu contentamento. Talvez isso se deva à familiaridade que vêm desenvolvendo com esse tipo de texto, mas tendo a considerar que existem dois outros fatores tão ou mais significativos para o sucesso das mesmas. Um primeiro deles seria o seu aspecto lúdico: são semelhantes a um jogo em que devem encontrar algo (palavras em um quadro de letras, erros em uma figura em comparação com outra muito semelhante, ...), ao que se acrescenta o fato de que são paródias divertidas de poemas do repertório que estamos ampliando, feitas a partir de substituições que resultam engraçadas, mas que, nem por isso, desmerecem o conjunto do poema. Um outro fator seria a adequação da proposta em relação ao momento em que boa parte dos meus alunos se encontra em seu processo de alfabetização.

Uma variação dessa proposta consistiu em solicitar que as próprias crianças realizassem substituições no texto de um poema conhecido, observando-se a condição de que ele continuasse compreensível, isto é: de que a leitura da nova versão fizesse sentido.

Uma outra inovação possibilitada pelas conquistas feitas pelas crianças do Grupo 4 até o momento consiste nas situações em que às crianças é proposto

que leiam pequenos textos informativos (aquele tipo de texto que, conforme o próprio nome, tem como finalidade principal fazer compreender ou apresentar informações). A leitura desse tipo de texto é ainda bastante inicial e apoiada nas orientações e auxílios oferecidos por mim ou pela Marta. Nossa intenção ao começar a promovê-la já no Grupo 4 é a de aproximar nossos alunos a esse tipo de texto, que encontrarão inúmeras vezes na continuidade de sua vida escolar, necessitando compreendê-los, saber usá-los para adquirir novas informações ou mesmo produzi-los a fim de registrar o que puderam conhecer em uma situação de aprendizagem específica. Temos usado textos enciclopédicos sobre temas relacionados ao estudo que estamos realizando, e elas passarão a ler também alguns textos de reportagens de turismo.

Outras leituras continuam a acontecer em nossa classe. Matando a saudade de um tipo de atividade muito comum durante o estudo da Grécia Antiga, temos feito novamente leituras em capítulos de obras que selecionamos criteriosamente: *Os Minpins*, de Roald Dahl, e *Linéia no Jardim de Monet*, de autoria de C. Björk e L. Anderson, são exemplos recentes que se destacaram pelo encantamento que foram capazes de produzir ao longo do tempo em que nos dedicamos a conhecê-los.

Data: 3 - 10 - 1995

TROQUE AS PALAVRAS GRIFADAS POR OUTRAS QUE VOCÊ ACHA QUE O AUTOR DO POEMA PODERIA TER ESCOLHIDO:

O GATO
O PARDALZINHO NASCEU
                    PATA
LIVRE. QUEBRARAM-LHE A ASA

SACHA DEU-LHE UMA CASA,
           RAÇÃO DE OCARINHO
ÁGUA, COMIDA E CARINHOS.

FORAM CUIDADOS EM VÃO:

A CASA ERA UMA PRISÃO.
   GATO
O PARDALZINHO MORREU.

O CORPO SACHA ENTERROU
       NO FRISO
NO JARDIM. A ALMA, ESSA VOOU

PARA O CÉU DOS PASSARINHOS..

* MANUEL BANDEIRA
* ESTRELA DA VIDA INTEIRA

> **1ª Série - Tarde**
> **3º Bimestre / 90**
> **Lucinha Magalhães**

Especialmente na 1ª série, ao pensarmos em língua escrita remetemo-nos a uma questão mais ampla: a ALFABETIZAÇÃO! De forma única, existe nessa série a possibilidade e quase o privilégio de vislumbrar o processo de alfabetização como um todo, através das conquistas das crianças em relação ao sistema de representação da escrita.

Há quem entenda que "estar alfabetizado" é somente a capacidade de reconhecer e articular letras, fonemas, sílabas para a formação de palavras. Essa concepção mecanicista acaba minimizando a alfabetização à mera aquisição do alfabeto. Ou seja, centra-se em um único aspecto da língua escrita: a base alfabética, o sistema de notação.

Sabemos que o ato de escrever não se restringe a formar palavras. Ao escrever, o sujeito pensa a língua. Se a escrita não é um produto escolar, mas o produto do esforço coletivo da humanidade para representar a linguagem, quanto mais constantes e de qualidade forem os atos de leitura e escrita realizados pelas crianças, ou ainda, quanto mais expostas estiverem à influência do *mundo letrado,* mais elementos certamente terão para pensar e fazer uso da língua!

Em recente artigo, Liliana Tolchinsky[1] tenta ampliar a concepção da alfabetização, usando, para tanto, o termo alfabetismo em contraposição ao analfabetismo. Entende que *estar alfabetizado* é mais do que conhecer os códigos e a manifestação gráfica da escrita envolve também o domínio da linguagem e a multiplicidade de funções da língua.

O processo de alfabetização é, na verdade, mais abrangente do que podemos supor, uma vez que se desencadeia muito antes do sujeito "saber ler e escrever" e continua por permear as interações estabelecidas entre o sujeito e a escrita, mesmo após a aquisição da base alfabética do nosso sistema.

A visão tradicional de alfabetização prioriza o domínio da técnica de escrever. Traz também uma idéia subjacente à sua prática: a de que não importa o que escrever, mas como escrever (escrever corretamente); a de que, primeiramente, formam-se palavras, e posteriormente aprende-se ou é permitido o "escrever de verdade". A alfabetização ou o Alfabetismo recolocados de forma mais ampla entendem que, mesmo que *não convencionalmente*, as crianças podem produzir e produzem língua escrita! É exatamente essa produção que explicita a diferenciação que a criança já faz entre língua escrita e língua falada e que define a qualidade e o nível da relação que a criança estabelece a cada momento com a linguagem. A alfabetização, portanto, deve instrumentalizar seus usuários para a capacidade, ou, parafraseando Tolchinsky, para a utilidade, a ciência e a arte, e não a técnica do ato de escrever!

Mas o que significa produzir língua escrita?

Produzir língua escrita não é simplesmente escrever, já que em um texto escrito, a depender da competência e intenção do autor,

---

[1] Landsman, Liliana Tolchinsky. *Lo prático, lo científico y lo literario: tres componentes en la noción de alfabetismo*, ICE Universidade de Barcelona, 1989.

pode-se ter um texto constituído de elementos da fala (oralidade), assim como nos atos da fala pode-se também contar com muitas referências à língua escrita.

Produzir língua escrita é apropriar-se de aspectos essenciais presentes nas práticas sociais ligadas à escrita. Produzir língua escrita é apropriar-se da escrita enquanto objeto de conhecimento, enquanto produção humana, ainda assim, passível de transformação e reinvenção pelo sujeito. Como diz Tolchinsky, a "linguagem escrita denota várias formas de discurso, as quais atendem a diferentes propósitos, definidos de acordo com suas condições de uso. As reflexões geradas pelo sujeito dificilmente surgiriam se a escrita fosse usada em uma única função. Essas observações indicam que, além de considerarmos a presença de um objeto linguístico, é possível julgarmos a forma adequada a uma circunstância de uso determinada com normas socialmente reconhecidas. Ao fazê-lo, estamos trabalhando sobre uma das propriedades peculiares da linguagem: a propriedade de referir-se a si mesma".[2]

Já, há bastante tempo, as crianças dessa classe, em maior ou menor escala, vêm produzindo língua escrita, vêm-se apropriando das características linguísticas que a diferenciam da linguagem falada. Mesmo tendo conquistado a base alfabética, essa interação continua sendo construída pelas crianças, que, após essa conquista, passam a eleger outros aspectos para observação e análise na busca por compreenderem o funcionamento da língua.

O que diferencia a produção dessas crianças daquelas que não têm tradição em conviver com a "língua que se escreve" é a relação estabelecida com a escrita. Penso que, apesar de as questões formais não estarem ainda resolvidas (como a ortografia e a

---

[2]Idem

pontuação, por exemplo), o texto produzido pelas crianças busca uma aproximação, uma caracterização como texto escrito. Para isso, as crianças valem-se do uso de certas "convencionalidades" ou do uso convencional de uma das formas de expressão da Língua Escrita. Vejamos como esses aspectos se evidenciam, através da própria produção das crianças:

Exemplo 1
TEXTO INVENTADO
TRABALHO REALIZADO EM DUPLA.

A VIAGEM DO CONDE DRÁCULA

Um castelo bem longe daqui morava um vampiro e ele estava cansado de viver naquele castelo. O vampiro se chamava Conde Drácula. Um dia, um carroceiro que se chamava seu Juca, o conde o viu (o carroceiro) e chamou-o (ele) e disse: - Ei, carroceiro, venha aqui — disse o conde com sua voz rouca...

(*Transcrição de manuscrito do aluno*)

Para quem a competência do escritor está ligada ao domínio de uma técnica e assim, da escrita "correta" (do ponto de vista convencional), a questão da ortografia (CAMSADO/CAROSEIRO) certamente lhe perturbará, bem como a "qualidade" dessa produção.

Se reconhecermos, porém, as conquistas existentes nesse texto, veremos que se trata de uma produção em língua escrita, por conter:

a- uma certa articulação de idéias;
b- introdução pertinente (UM CASTELO BEM DISTANTE DAQUI) colocada como referência importante, caracterizando o texto enquanto estrutura narrativa;

c- a utilização de marca temporal (UM DIA) no desenvolvimento do texto, contribuindo, assim, para sua coerência;
d- o exercício conveniente da "língua que se escreve", característica das estruturas narrativas (...O CONDE VIU / DISSE O CONDE COM SUA VOZ ROUCA...);
e- o emprego de sinais de pontuação e acentuação segundo a aproximação convencional com esses aspectos e a lógica construída por seus autores.

Nesse texto, como nos outros que se seguem, é possível identificarmos a interação estabelecida entre seus autores e suas produções.

Nessas produções, podemos perceber que houve na elaboração textual a preocupação de se aproximar de um modelo já conhecido[3], e que aspectos de ordem técnica (com quais letras se escreve) estiveram em jogo durante a realização dessas tarefas.

Esses textos diferem daqueles chamados "escolares" porque aqui tanto o conteúdo como a forma estão sendo pensados pelo autor. O que se quer escrever e como escrever vão sendo incorporados, refletidos pelo sujeito que escreve, que, portanto, pensa o uso da língua.

Outras produções realizadas na 1ª série:

---

[3] Reconhecendo as diversas condições de uso da língua, as crianças contam com modelos, os quais representam formas de expressão diferenciadas e definidas. Assim, ao reproduzir uma história, a criança "evoca" as informações disponíveis e busca uma produção próxima às características ali contidas, para que sua história fique parecida a uma "história de verdade" ou, ainda, possua as características lingüísticas de um texto narrativo.

Exemplo 2
TEXTO INVENTADO

Essa atividade foi realizada em dupla com as funções previamente definidas (ditar/escrever). No estabelecimento dessas funções, a preocupação era a de garantir uma produção de língua escrita, "limpa" de oralidade e próxima ao modelo conhecido. Nela, o conhecimento lingüístico seria ampliado mediante interação com o próprio texto e com o parceiro, no qual pontos de vista seriam confrontados e discutidos, na busca de uma melhor produção.

JOÃO E A ÁGUIA INVISÍVEL

João estava em casa com seu pai, arrumando as coisas para a caça. Eles foram caçar onça para vender a pele dela. Eles pegaram as coisas e foram para a caça. Quando eles estavam indo, João viu uma coisa voando, mas não sabia o que era, porque ele só via os olhos brilhando. Eles voltaram para casa, eles jantaram. João foi dormir e ficava pensando — o que eram aqueles olhos?
De manhã, ele contou para os pais mas os pais não acreditaram. Quando o pai estava vendendo a pele da onça, João saiu correndo, viu os olhos entrando em uma caverna bem escura. Ele saiu correndo pegou uma faca bem afiada, um lampião e uma rede e foi correndo para a caverna. Jogou a rede em cima da águia invisível, jogou a faca e levou para o jardim da casa. Enterrou tudo, acabou, o João e o pai foram para outra caçada e eles viveram felizes para sempre

(Transcrição do manuscrito do aluno)

Exemplo 3

Continuação de uma história, na qual o objetivo é a apropriação das características do texto, preservando e garantindo a impressão da marca individual do(a) autor(a).

Continue a história...
Era uma vez um príncipe que desejava para esposa uma princesa. Viajou por todo o mundo para encontrá-la. Princesas é que não faltavam, mas nenhuma delas conseguia empolgar o príncipe. Voltou para casa triste e abatido. Desejava tanto encontrar uma verdadeira princesa!
Uma noite fez-se tremenda tempestade; relâmpagos e trovões rasgavam o céu e a chuva caía forte. Foi quando alguém bateu à porta do castelo. E o príncipe foi abrir.
E ele viu uma bela princesa de cabelos da cor do sol, lábios rosas. Ela entrou no quarto e disse: - eu não sou uma princesa, eu sou uma fada.
O seu desejo vai se realizar: uma princesa encontrará! E apareceu uma linda princesa com cabelos negros e cacheados, morena e muito linda! O príncipe agradeceu a fada e a fada foi embora. Eles comemoraram o casamento e foram felizes para sempre.

Exemplo 4

Continue a história...

A BELA HISTÓRIA DE UMA PRINCESA

Era uma vez um pobre homem que tinha
uma linda filha, da qual se orgulhava muito.
Estava sempre dizendo que a filha era muito
inteligente e que poderia ser uma
verdadeira rainha.
Um dia o rei estava passeando a cavalo e viu
a moça, admirando sua beleza.
O pai da moça, percebendo isso, disse ao rei
que a filha....

...tinha caído no rio e o príncipe ficou triste
tão triste que foi chorar no bosque e ficou tão
feliz da vida quando viu a moça sã e salva no
bosque! A moça fiocu feliz também é claro,
e os dois se casaram e voltaram juntos
para o castelo.
O rei ficou tão feliz que deu um abraço na
sua filha e que feliz o rei ficou de ver sua
filha de volta para o castelo do rei!
Esse rei era o rei mais rico daquele país e um
dia, a moça foi tomar água no riacho
e de repente, o príncipe deu um beijo nela
e viveram felizes para sempre.

Exemplo 5

Elaboração de um "texto-resenha", a partir da leitura do livro *O gênio do crime*, de João Carlos Marinho.

Imagine que um amigo seu não conhece a história do gênio do crime e você terá que escrever para ele contando o que aconteceu. Como você o faria?

Eram três crianças: Pituca, Raimundo e Bolachão que colecionavam o álbum de figurinhas Escanteio. Começaram a descobrir que as figurinhas estavam sendo falsificadas. Todas as crianças que também descobriram que as figurinhas que estavam sendo falsificadas foram apedrejar a fábrica do seu Tomé. O seu Tomé disse que não era ele que estava falsificando e então decidiram chamar o Peter Mister John, o detetive invicto! O detetive resolvia todos os crimes, mas os meninos Raimundo, Pituca e Bolachão também queriam descobrir esse crime. Depois de muitas aventuras, o Bolacha descobre que o filho do cambista dá as informações para o cambista falsificar as figurinhas. O cambista prende o Bolacha na Fábrica Clandestina e quer jogar o Bolacha no ácido, mas na hora "H", o Raimundo, o Pituca e o Mister chegaram para salvar o Bolacha. E quando o Bolacha saiu de lá, tinha um monte de pessoas que fizeram uma roda em volta do Bolacha e ficaram falando pro "Gordo": - Boa, Gordo! - Aí, Gordo! - Psiu, Gordo - Machão, hein, Gordo! - Vem cá, Gordo! - Olha prá cá, gordo! E o Pituca e o Raimundo estavam procurando o Mister e viram o Mister lá no helicóptero azul, trocando as letras de "detetive invicto" e dizia: - vou para Brasília, inventar um jeito para me vingar do "Bolachon"...

Observando as conquistas aqui presentes do ponto de vista da competência lingüística do escritor, penso que é na tentativa de aproximar-se do modelo real, produzindo, portanto, língua escrita, que as crianças vão em maior ou menor medida, se aproximando significativamente dos aspectos convencionais que, a meu ver, ramificam-se:

a- na convencionalidade pertinente à determinada estrutura textual;
b- na convencionalidade da escrita (quais letras e sinais de pontuação eleger naquele momento).

Esses aspectos, aos quais me referi no início deste relatório, vêm sendo objeto de análise pela maioria das crianças. Tem sido fundamental para construção da própria competência lingüística, mesmo já tendo construído a base alfabética, o experimentar contínuo de desafios, conflitos, "paradas", já que escrever não é formar palavras, mas pensar a própria língua que se está usando!

Considerando que: as crianças dessa classe possuíam um conhecimento prévio e uma certa interação com a Língua Escrita; que estes, sendo estabelecidos pelo sujeito, diferenciavam-se na classe como um todo; que os encaminhamentos realizados estiveram apoiados nas idéias levantadas até aqui, penso que todas as crianças evoluíram ou tiveram instrumentalizadas as diferentes competências lingüísticas.

Assim, em relação à aquisição da base alfabética, houve sua consolidação para aqueles que já a haviam conquistado, e a conquista por aqueles que já se encontravam próximos dela. Em relação à Língua Escrita, de acordo com as hipóteses estabelecidas por cada um, houve também um considerável avanço quanto a aspectos estruturais e convencionais da língua. Aqui, uma **produção que retrata essa evolução:**

Exemplo 6

LAR NALUA

ERA UMA YEZ UN MEMNO QUE GOS TARIA DE SER UM ASTRONAUTA UNOME DO MENINO ERA CARLOS UM DIA USOMO DELE SERLALIZOU ELE CRESEU E FOI PARA LUA CONSUA MULER CONHESEU US ESTRAS TE RESTRIS EFICOU AMIGO DELIS UM DIA A MULIER QUIS IR ENBORA PARA TERA MAS O CARLOS DISE - A VAMOS FICAR AQUI - A MULIER DISE TABEN EU FICO - OS AMIGOS DE CARLO SOU BE RAN QUE CARLOS VIAGOU PARA LUA FORAN PARA LA TANBEN ACA BARAN MORAN DO LA VIVENDO FE LISIS PARA SENPRE

FIM

LAR NA LUA

Era uma vez um menino que gostaria de ser um astronauta, o nome do menino era Carlos. Um dia, o sonho dele se realizou, ele cresceu e foi para lua com sua mulher, conheceu uns extraterrestres e ficou amigo deles, um dia a mulher quis ir embora para a terra, mas o Carlos disse: - Ah! Vamos ficar aqui. A mulher disse: - também eu fico. Os amigos de Carlos souberam que Carlos viajou para a Lua. Foram para lá também. Acabaram morando lá, vivendo felizes para sempre.

FIM

> 1ª Série - Manhã
> 1º Bimestre / 91
> Daniela Padovan

INTERVENÇÕES DO PROFESSOR EM UMA ESCRITA DE AUTORIA

A língua escrita tem estado em nossa sala com muita freqüência, de diferentes formas, como meio ou fim da realização de algo. Muitas atividades de leitura e escrita foram realizadas neste bimestre, com fins diversos. Trabalhamos com textos científicos, jornalísticos, poesias, parlendas, receitas, cartas, propaganda, jogos, etc.

A cada nova atividade feita em classe, novos desafios se colocam a cada criança e, portanto, são vários os momentos em que ocorre interação criança-texto, com variados graus de envolvimento e desenvolvimento de cada um.

Destacarei, portanto, para aqui relatar a atividade de língua escrita que mais trouxe questões e desafios às crianças durante esse bimestre, e na qual pude realmente ter maior clareza sobre as dificuldades e caminhos já percorridos por cada um, a **escrita** do conto *Chapeuzinho Vermelho*.

> O professor deve trabalhar com as diferentes competências que encontra em classe, propondo situações em que duplas ou grupos de crianças tenham funções diferenciadas, segundo suas possibilidades, tais como ditar para o colega, escrever, revisar, etc.

A Escrita de Histórias Conhecidas

A reescrita de histórias conhecidas, como contos narrativos tradicionais, lendas, ou por outros tipos de texto, é um trabalho que já vem sendo praticado na escola há alguns anos. Estudos recentes e a análise de nossa prática com relação a esse tipo de trabalho mostram-no como um momento privilegiado para a apropriação, pela criança, de modelos de estruturação textual, ou seja, características que a língua escrita assume em cada tipo de texto, bem como de características formais da modalidade escrita, tais como a segmentação das palavras, a acentuação ou a ortografia.

Tendo o enredo controlado, as crianças podem preocupar-se principalmente com essas características formais relativas à estruturação lingüística e textual. Focar a atenção na escolha e ordenação de palavras e letras, na utilização de uma pontuação adequada ou na forma de escrita ortograficamente correta torna-se mais possível para as crianças dessa faixa etária numa situação como essa, mais controlada, do que numa situação de escrita de história inventada, na qual, além dessas questões, a criança deva preocupar-se com a criação de um bom enredo, o encadeamento dos fatos, a descrição de personagens e ambientes, etc.

Na 1ª série, optamos por trabalhar, inicialmente, com a reescrita de contos narrativos tradicionais, por considerarmos que a criança tem grande familiaridade com este tipo de texto, uma vez que o escuta com freqüência desde pequena. Além disso, consideramos que a narrativa na 3ª pessoa, presente nesses contos, facilita a produção e a reflexão sobre a língua. Uma vez que essa estrutura não mistura o "eu" com a narrativa, permite às crianças obter um certo distanciamento para observar certas características específicas da língua que se escreve, como, por exemplo, o tipo de vocabulário utilizado, a estrutura textual com seus mecanismos de coerência e coesão, etc.

> A reescrita de histórias não se configura numa boa situação de aprendizagem por si só, nem tampouco deve necessariamente ocorrer apenas na 2ª série. Ela é um encaminhamento possível em diferentes momentos da aprendizagem da língua escrita, e pode estar relacionada à aprendizagem de diferentes conteúdos dessa área.

A escolha da história *Chapeuzinho Vermelho* deveu-se ao fato dela ser uma das histórias mais conhecidas por todas as crianças, o que já garantiria boa parte do domínio da narrativa. A história apresentada por mim às crianças para uma primeira leitura foi cuidadosamente escolhida. É uma versão pouco usual entre as mais difundidas, porém considerada como uma das mais fiéis à história original, na qual o lobo mau come a vovó e Chapeuzinho Vermelho, encerrando a história neste momento. Eu imaginava que a leitura dessa versão incomum possibilitaria muitas discussões na classe sobre outras versões conhecidas por eles, com desdobramentos e finais variados, e que isso poderia ser um bom disparador para a atividade de reescrever a história. E assim foi. Após a leitura em casa e a releitura em classe, abriu-se a discussão sobre detalhes que essa versão não contava e sobre outros finais conhecidos e diferentes desse, "menos trágicos". Então solicitei a eles que escrevessem uma versão pessoal da história *Chapeuzinho Vermelho*, com o final que mais agradasse a cada um.

Inicialmente, pensei não ter sido uma boa idéia abrir um leque tão grande de opções para as crianças, já que se tratava de garantir uma narrativa bem elaborada e, de certa forma, praticamente memorizada, para que eles pudessem atentar apenas para a questão lingüística: a escolha de palavras, de letras, a organização textual, a pontuação e utilização de maiúsculas, a separabilidade entre as palvras, etc. Porém, durante o desenrolar da atividade, observei que essa grande abertura de possíveis finais dava-lhes a sensação de "autoria". Isso ficou mais claro quando as crianças começaram a trazer para a classe, e nós passamos a ver, na roda, outras versões da história de Chapeuzinho Vermelho; cada um buscava identificar pontos de semelhança e diferença entre as histórias que estavam escrevendo e as lidas por

> A abertura para diferentes finalizações da história funcionou como elemento motivador da produção das crianças. Isso não significa que esse encaminhamento seja motivador para qualquer grupo de crianças, em quaisquer circunstâncias. Cada grupo de classe tem uma história e um ritmo próprios que devem ser levados em consideração.

nós. Cada nova versão da história que era trazida para a classe passava por uma criteriosa análise crítica e comparativa dos textos e desenhos contidos nos livros, mostrando que as crianças estavam sensíveis às diferenças no enredo, na escolha do vocabulário, no nível de detalhamento e fidedignidade das diferentes versões.

Na primeira escrita que fizeram, uma espécie de rascunho, percebi muitas questões que poderiam ser trabalhadas com eles. Como as questões que se colocavam para cada um eram bem diferentes, desde questões sobre a base alfabética e separabilidade das palavras até questões de coerência textual, optei por uma interferência individualizada, partindo daquilo que cada criança me apresentara como produto inicial (além das discussões coletivas em roda) e buscando ampliar os conhecimentos lingüísticos e textuais de cada um. Assim, como dicas para autocorreção, elegi uma lista de prioridades para cada criança, discutindo-a individualmente, informando e oferecendo os modelos disponíveis como fonte de consulta.

A versão final da história seria passada a limpo num papel com ilustrações e levada para casa (algumas crianças queriam dá-las de presente no dia das mães). Para isso, fazia-se necessária a correção dos pontos apontados para cada um, que deveriam reler seus textos procurando atentar para as questões apontadas e discutidas previamente, procurar fazer uma autocorreção desses pontos e, finalmente, passar a limpo com todo o capricho. Vale dizer que as autocorreções foram feitas dentro das possibilidades individuais de perceberem as questões apontadas e modificarem seus próprios textos.

Seguem-se alguns exemplos dessas produções.

> Nas situações escolares, os problemas apresentados na escrita de um texto serão muitos e de diferentes naturezas. O professor deve, a cada momento, privilegiar dois ou três aspectos mais importantes, que estejam comprometendo a legibilidade do texto, e deixar os outros para um outro momento de aprendizagem.

CHAPEUZINHO VERMELHO

ERA UMA VEZ UMA MENINA CHAMADA CHAPEUZINHO VERMELHO UM DIA ELA FOI LEVAR DOCES PARA AVÓ MAS A AVÓ MORAVA DO OUTRO LADO DA FLORESTA MAS A CHAPEUZINHO FOI QUANDO ELA ESTAVA CHEGANDO O LOBO A VIU E ELE PEGOU UM ATALHO PARA A CASA DA AVÓ E QUANDO A CHAPEUZINHO CHEGOU O LOBO ESTAVA PRONTO PRA COMELA E A COMEU O CAÇADOR OUVIU ① E FOI LÁ CORTOU A BARRIGA DO LOBO E DEPOIS TODOS ② FORAM COMER OS DOCES

① A CHAPEUZINHO GRITANDO
② O CAÇADOR A AVÓ E A CHAPEUZINHO

> A interferência para autocorreção dos textos desta página foi:
> - se você acrescentar alguns trechos à sua história, poderemos compreendê-la melhor.

Fernando 8/4/91 CHAPEUZINHO VERMELHO

ERA UMA VEZ UMA MENINA QUE CHAMAVA CHAPEUZINHO VERMELHO E A MAE DELA PEDIO PARA LEVAR UM BOLO E UM POTEZINHO DE MANTEIGA E SAIO PARA A FLORESTA CANTAMDO PELA ESTRADA FORA E VOU BE SOSINHA FOI ASIM MAS ELA DEU DE CARA COM O LOBO E OS DOIS FALARAM 1 PARA O OUTRO E A MENINA FALOU PARA O LOBO E ALOU SEN SABER QUE O LOBO FANTAZIADO DE VELHO ASSIM OI CENHOR PRA QUE LADO E QUE TEM UMA CASA DE TELHADO PRETO E O LOBO RESPONDEU E POR ALI GAROTA E ELA SAIO A TODA VELOGIDADE E O LOBO TANBEM E O LOBO E A CHAPEUZINHO CHEGARAM QUAZE JUNTOS MAS O LOBO COMEU AS DUAS ③ FIM

Depois de corrigidos, os textos finais ficaram assim:

CHAPEUZINHO VERMELHO

BRUNO.A
19/4/91

ERA UMA VEZ UMA MENINA CHAMADA CHAPEUZINHO VERMELHO UM DIA ELA FOI LEVAR DOCES PARA AVÓ MAS A AVÓ MORAVA DO OUTRO LADO DA FLORESTA MAS A CHAPEUZINHO FOI

QUANDO A CHAPEUZINHO ESTAVA CHEGANDO O LOBO A VIU E ELE PEGOU UM ATALHO PARA A CASA DA AVÓ

QUANDO ELA ESTAVA CHEGANDO
O LOBO ESTAVA PRONTO PRA COMELA
E A COMEU

O CAÇADOR
OUVIU A CHAPE-
UZINHO GRITANDO
DAI ELE FOI LA
NA CAZA DA AVÓ
CORTOU A BARRIGA
DO LOBO E
DEPOIS O CAÇADO
R A AVÓ E A
CHAPEUZINHO
COMERAM OS DOCES

Fernando

ERA UM VEZ UMA
ALDEIA QUE VIVIA UMA
MENINA QUE MORAÇOM
COM SUA MÃE NA ALDEIA
E SUA MÃE ELA FALOU
PARA CHAUZINHO
VALE VAR UM POTEZINHO
DE MANTEIGA E UM
BOLO PARA A VOVO
E CHAPEUZINHO VERMELHO
CANINHA MINHOU 2
ESTRADAS CANTANDO

PELA ESTADA FOFA E
U VE U BEN SOSINHA
VOU IR PARA CASA DA
VOVOZINHA E ELA
ENCONTROU O LOBO E
LA FALOU PARA O LOBO
PARA QUELA DO QUE
TEM UMA CIZA QUE TE
M UN JARDIN COM RAZA
S VEODES E O LOBO RES
PONDEU E PORALI
ENQUANTO CHAPEUZINH
I A PROLADO ERA DO
CANTADO E ANDANDO ATRAS
BOLETAS E GUANTO LOBO CORREU

NA MAIOR VELOCIDADE CHEGOU NA CAZA DA VOVO E COMEU A VOVÓ E CHAPEUZINHO VERMELHO

> 1ª Série - Tarde
> 1º Semestre / 96
> Miriam Louise Sequerra

Por muito tempo, considerou-se que o domínio da base alfabética, ou seja, a compreensão do código alfabético e a possibilidade de codificar letras em sons e vice-versa, marcaria o início do contato com a escrita, além dessa competência ser entendida como a condição única e suficiente para garantir a autonomia do sujeito (no caso o aluno) como leitor e escritor.

A partir das contribuições da Psicogênese da língua escrita[1], tanto o momento em que se dá início ao processo de alfabetização como a própria concepção do aprendizado da leitura e escrita sofrem mudanças profundas: passa-se a reconhecer que, muito antes de qualquer contato com a escolaridade formal, a criança já tem vários conhecimentos tanto relacionados à linguagem escrita (e sua diferenciação da linguagem oral) como à forma como essa linguagem deva ser representada.

---

[1] Em *Psicogênese da língua escrita*, Emília Ferreiro e Ana Teberosky apresentam pela primeira vez as idéias que as crianças têm sobre a língua escrita, muito antes de se tornarem leitoras convencionais. Publicado no Brasil pela Ed. Artes Médicas, Porto Alegre.

Além disso, passa-se a considerar a formação de leitores e escritores como algo muito mais amplo. A possibilidade de compreender os diversos usos sociais da língua e de poder expressar-se através da escrita (enquanto usuário) implica habilidades muito mais complexas do que a simples possibilidade de transpor para o plano gráfico um conjunto de sons ou vice-versa.

De acordo com essa visão, o trabalho escolar deve levar em consideração o saber já construído pelas crianças antes mesmo de sua entrada na escola, e ampliar seu papel para contribuir na formação dos alunos como cidadãos letrados.

Ana Teberosky, pesquisadora que muito tem contribuído para questionar e redimensionar o papel da escola no ensino da leitura e escrita, coloca algumas distinções interessantes:

Em primeiro lugar, diferencia a linguagem escrita da escrita propriamente dita (a *linguagem escrita* seria uma variedade da linguagem, relacionada a expressões mais formais da língua, e a *escrita*, em contraposição, seria a representação gráfica dessa linguagem — ou seja, as letras agrupadas formando palavras, frases, textos). Diz ainda que as crianças, muito antes de adquirirem a habilidade para ler e escrever (no sentido convencional), já contam com muitos conhecimentos sobre a língua que se escreve (podendo inclusive colocar-se no papel de produtoras dessa linguagem), ou seja, "as crianças são 'letradas' mesmo antes de serem 'alfabetizadas'"[2].

Em nosso trabalho, procuramos estar muito atentos a essas distinções. Compreendemos que a recente conquista da base alfabética por parte das crianças da classe é algo que deve ser consolidado, dado que dominar este código é um enorme passo no sentido de poder entrar em contato com as diferentes manifestações da linguagem escrita de forma mais independente (mais autônoma). Sabemos, po-

---

[2]Teberosky, Ana. *Aprendendo a escrever*, Ed. Ática, p. 41.

rém, que, para podermos contribuir para a formação de leitores e escritores, outros saberes são exigidos, saberes estes relacionados aos diversos usos que a linguagem escrita tem em nossa sociedade. As crianças já possuem conhecimentos sobre vários desses usos, uma vez que os presenciam. Outros, porém, exigem uma maior experiência leitora ou escritora, e cabe à escola (mesmo que nessa tarefa não esteja sozinha) promovê-los.

Uma das contribuições dessa forma de entender o processo de alfabetização é compreender como é possível a produção de linguagem escrita antes mesmo da capacidade de escrever.

No início do ano, propus às crianças que contassem um trecho de uma história conhecida para a realização de uma fita de vídeo. A produção foi coletiva, já que antes de cada um reproduzir seu trecho todos os alunos opinaram sobre a melhor forma de se expressar, selecionando as melhores palavras (do ponto de vista literário) e cuidando para que não faltassem partes que garantissem a compreensão da história. Enquanto realizavam esse trabalho, houve preocupação em conservar literalmente alguns elementos do texto-fonte (o conto lido previamente), em especial algumas expressões características (Era uma vez), o nome dos personagens ou alguma palavra que julgavam ter como efeito valorizar esteticamente o texto produzido. Outros elementos, mesmo que conservados, não o foram de forma literal.

> O papel do professor consiste em promover situações motivadoras e, a partir delas, realizar uma intervenção adequada.

As crianças reconstruíram o texto, e isso só foi possível graças a um conhecimento esquemático que "faz parte do conhecimento prévio, é um resquício da experiência passada, acumulada na memória, que permite que o ouvinte ligue frases, preencha lacunas de informação e dê sentido àquilo que ouve"[3]. Esse conhecimento esquemático não se refere apenas aos temas, mas também aos gêneros, indicando

---
[3] Idem, ibidem, p. 49.

que nessa produção o que os alunos colocaram em jogo não foi só o conhecimento da língua materna, mas sua capacidade de organizar um texto. "Essa aprendizagem não vem apenas com a linguagem, mas graças aos usos sociais da linguagem"[4], ou seja, porque participaram de várias experiências com este tipo de texto (contos de fadas) puderam construir um conhecimento esquemático que permitiu a reprodução de um conto, preservando suas principais características textuais.

A possibilidade de trazer para dentro da sala de aula esse tipo de atividade, na qual se permite que as crianças utilizem aquilo que já conhecem, compartilhando esses conhecimentos com os colegas, não é apenas uma opção metodológica, mas diz respeito a uma ampliação do que vem a ser o trabalho de alfabetização e do papel da escola em uma sociedade letrada.

Nessa perspectiva, o domínio da base alfabética não é relegado a um segundo plano, mas se dá concomitantemente à possibilidade de produzir linguagem escrita, para que os alunos se percebam ao mesmo tempo dominando um código e aumentando sua compreensão, sendo capazes de produzir textos variados, conquistando novos espaços enquanto usuários da língua escrita.

Assim, um dos objetivos de nosso trabalho é garantir o contato com diversas estrutruras textuais, já que a possibilidade de adequar aquilo que queremos expressar às diversas formas discursivas só acontecerá se forem garantidos os contatos com diferentes circustâncias de uso social da escrita.

Antes de passar ao relato de atividades que acontecem em nossa sala de aula, gostaria de fazer algumas considerações que (imagino) podem ajudar a compreender suas funções e significação.

Liliana Tolchinsky diz que o uso da escrita em múltiplas circuns-

---

[4]Idem, ibidem, p. 51.

tâncias "não só nos torna mais poderosos socialmente, como também intelectualmente mais poderosos"[5]. Em uma primeira leitura desse trecho, coloquei várias questões a minha interlocutora (a autora do texto), principalmente ao que me parecia uma pretensão: por que o uso de diferentes formas de expressão, adequadas aos vários gêneros textuais, poderia tornar alguém mais inteligente? Esperar pela resposta a essa questão foi possível graças a essa atitude que, como leitores, construímos: aprendemos a "acreditar" que o texto, sendo uma unidade, poderá nos dar pistas para resolver os mistérios que ele próprio nos coloca. Em outro momento do texto, a autora afirma: "Se, ao escrever, duvidamos acerca da adequação de um termo ou de uma expressão, estamos escolhendo entre formas alternativas. Este jogo de escolhas, dúvidas, adequações, é o que desenvolve o pensamento. Se houvesse um só discurso possível (...), não poderíamos ver aí um motor do desenvolvimento cognitivo. Se queremos que a escrita se converta em instrumento de desenvolvimento individual, devemos, também, criar diferentes experiências com a língua escrita"[6].

O trabalho com diferentes tipos de textos na classe da primeira série

Em nossa rotina semanal, temos algumas atividades fixas, que têm objetivos claros no sentido de garantir o contato com certos tipos de textos que julgamos importantes (pela adequação ao momen-

---

[5] Tolchinsky Landsmann, Liliana, *Escribir como?*, texto apresentado no Primeiro Congresso de Acción Educativa, Belo Horizonte, em junho de 1992, p.5.
[6] Idem, ibidem, p. 6

to das crianças e àquilo que já construíram em relação à linguagem escrita):

Leituras realizadas pelo professor

Dentre os objetivos que um leitor pode ter ao se aproximar de um texto, um já é grande conhecido das crianças, mesmo antes de serem capazes de ler por si próprias: a leitura pelo simples prazer de ler, para saber o que acontecerá a determinado personagem, para rir das situações insólitas em que o outro se envolveu, para desvendar mistérios, para conhecer entes fantásticos, para deleitar-se com a forma inusitada que um autor encontrou para referir-se a algo absolutamente cotidiano, ler para simplesmente apreciar a beleza que a linguagem pode assumir quando se permite invadir pela poesia...Em meio a tantos usos concretos que a linguagem assume em nossa sociedade, tantas funções comunicativas, vale lembrar que ela também tem essa função estética.

Em nossa classe, a literatura entra pela porta da frente: todos os dias temos um momento reservado para ler dois ou três capítulos de algum livro que estejamos compartilhando (nesse momento, estamos lendo *Reinações de Narizinho*, de Monteiro Lobato); a escolha do livro é minha, e também sou eu que realizo a leitura. Na verdade, não é bem assim. Escolhemos, para esses momentos, livros que abordem uma temática apreciada pela faixa etária, escritos por autores consagrados. O volume de texto contido nesses livros, se proposto à leitura autônoma das crianças, poderia desestimulá-las, e por isso assumo o papel de intérprete da leitura. Na verdade, o que buscamos é que, mesmo que não leiam autonomamente, já o façam através da minha leitura.

Um outro momento muito apreciado por todos é a roda de Biblioteca: com freqüência semanal, este é um momento em que as

---

> Os alunos devem dar-se conta de que aprender a ler é interessante e divertido, e que esse aprendizado lhes permitirá ser mais autônomos.

crianças têm a oportunidade de compartilhar suas experiências como leitores. Retiram livros recomendados pelos colegas, comentam o que leram, contam algo que acharam engraçado, mostram ilustrações ou simplesmente participam do que foi observado pelos colegas. Em todas essas ações, também estão tendo a oportunidade de se constituírem como leitores, pois é muito comum que a leitura não seja totalmente solitária, e que ganhe novos sentidos quando percebemos que à relação dual que se estabelece com o autor (enquanto lemos), outras pessoas podem ser inseridas (no caso, os colegas da classe).

Aproximação aos **textos jornalísticos**

Mesmo que as notícias compartilhem com os romances a estrutura narrativa, temos objetivos completamente diferentes ao realizar uma ou outra leitura, em razão da notícia ter uma função predominantemente informativa. Utilizamos estratégias diversas, adotamos posturas muito diferentes. Lemos o jornal para obter informações de caráter geral, para saber "o que acontece", para complementar as informações que temos.

Semanalmente, temos uma atividade envolvendo textos de jornal. Compartilhamos a leitura de alguma notícia publicada naquela semana (esta notícia tanto pode ser trazida por mim como por alguma criança da classe). Ao apresentá-la, encaminho tanto a discussão de seu conteúdo como comento alguns aspectos relativos à organização da notícia: em que caderno do jornal foi publicada, o significado de alguns aspectos da diagramação, o uso de siglas, etc.

Outras atividades têm como objetivo a aproximação às várias formas discursivas que a linguagem escrita pode assumir: poemas, piadas, receitas, adivinhas, etc. Alguns desses textos têm suas estruturas apreciadas de maneira mais sistemática, em razão de objetivos estabelecidos para o trabalho com a série.

*Trabalhando com o **conto***

Nesse momento, os contos (em especial os contos de fadas) têm um lugar especial, pois, como contamos aí com um repertório extenso das crianças (uma ótima bagagem de conhecimentos prévios), garantidos na escola ou fora dela, temos a possibilidade de propor atividades de produção de textos nas quais fiquem evidentes as diferenças entre a linguagem mais formal (a linguagem escrita) e a linguagem cotidiana, informal, normalmente apoiada na oralidade. Tanto quando estão escrevendo um conto como quando estão fazendo um reconto, as crianças referem com clareza o fato de que algumas expressões não são apropriadas ao texto (repetir muito o nome do personagem ou dizer "daí né... a menina foi no bosque"), pois há outras formas que valorizam a produção final.

Atualmente, essa estrutura narrativa já é conhecida o suficiente para que possam ser propostas algumas situações de aprendizagem nas quais os alunos tenham que "transformar" esse conhecimento, reapresentando o conteúdo num outro contexto, em um outro tipo de texto.

Um exemplo: após várias leituras do conto *Cachinhos de Ouro* e depois da discussão relativa às várias versões que conheciam da história, fiz a seguinte proposta:

Escrevam uma notícia, publicada no jornal da cidade onde mora Cachinhos de Ouro, na qual o encontro com os ursos será informado.

ou:

Escrevam uma notícia, publicada no jornal dos ursos, na qual a invasão da casa será divulgada.

As crianças se dedicaram muito a essa produção e colocaram em seus textos vários conhecimentos tanto sobre *Contos* (na medida que o transformaram, escolheram suprimir elementos dessa estrutura) quanto sobre *Notícias* (considerando aspectos adequados a esse tipo de texto).

Algumas produções: quatro notícias de jornal escritas a partir do conto *Cachinhos de Ouro*:

RAFAEL

A ISTORIA DE CACHINHO DE OURO
ONDE VO SEINONTRO AS CASA DOS RSO?
CACHINDEOURO - NA MATA
QUANTO? ANOS VO SE TEM?
CACHINHO DE OURO - TENHO 18 ANOS
O QUE VO SE VIU DENTRO TA CASA?
CACHINHO DE OURO - 3 CADEIRA 3 PRATOS DE SOPA 3 CAMA
O QUE VO ZE VEZ DENTRO TA CASA?
CACHIHINHO DE OURO - ZENTEI NA CADEIRA COM A SOPA E DE POIZ COMO EU ESTA VA CON MUNTU SONO E UA CABEI TORNI NA CAMA QUANDO OS RSO? CHEGARO NA CASA FORO RO QUARTO VIRIÃO EU NA CAMA E UA CORDE LEI UM SUTO E SAI PELA JANÉLA

CÁSSIA

CACHINHOS DE OURO FICOU AMIGA DOS URSOS

TEO

CACHINHOS DE OURO
INVASÃO DA CASA DOS URSOS
UMA MININA ENTROU NA CASA DOS URSOS ÑO TINHA NINGUEN EN CASA ENTÃO COMEU SOPA E SENTOU E ELA FOI PROCURAR ALGUA UARTO PARA DURMIR ENTÃO ELES CHEGARAM EM CASA ORÃO COMER E FORÃO DESCANÇAR NA CADEIRA E FORÃ QUARTO E ELA LEVOU U SUSTO E PULOU PELA JANELA ELES NUCA MAS VIRÃO ELA

O trabalho com **textos informativos**

Em sua vida escolar, as crianças vão utilizar-se da linguagem escrita com vários propósitos; um deles, muito importante, é o de "ler para aprender", ou "ler para ampliar seus conhecimentos". Para isso, estarão em contato com textos que contam com essa função: os textos informativos. E terão de acionar estratégias específicas para sua compreensão: "Durante essa leitura, o leitor se vê imerso em um processo que o leva a auto-interrogar-se sobre o que lê, a estabelecer relações com o que já sabe, a revisar os termos que lhe sejam novos, a efetuar recapitulações e sínteses freqüentes, a sublinhar, tomar notas"[7].

Sabemos que a escola tradicional não conseguiu contribuir para a formação de bons leitores; aqueles que estabeleceram uma relação significativa com a leitura, o fizeram apesar da escola. Em oposição a esse fato e considerando uma concepção mais ampla de alfabetização, a escola reestruturou sua ação, buscando o vínculo do aluno com a literatura. Para tanto, passou a privilegiar "um único tipo de texto: a narrativa ou a literatura de ficção.(...) ainda que as crianças devam ler nas aulas de Estudos Sociais, Ciências Naturais e Matemática, essa leitura aparece dissociada da 'leitura' que corresponde às aulas de língua. Um dos resultados é, uma vez mais, um déficit bem conhecido em nível dos cursos médio e superior: os estudantes não sabem resumir um texto, não são capazes de reconhecer as idéias principais e, o que é pior, não sabem seguir uma linha argumentativa de

---

[7] Solé, Isabel. *Estrategias de lectura*, Graó editorial, p. 95 e 96.

modo a identificar se as conclusões que se apresentam são coerentes com a argumentação precedente"[8]. O que Emília Ferreiro tão enfaticamente nos coloca é que, muitas vezes, os estudantes chegam a níveis mais elevados da escolaridade sem ter construído estratégias que lhes permitam fazer uso desses textos, fundamentais na vida escolar.

Na primeira série, temos como objetivo permitir uma aproximação mais sistemática das crianças aos textos informativos descritivos. Este trabalho está muito vinculado ao trabalho realizado em Ciências, quando abordamos os mamíferos.

A escolha desse tema não é gratuita; na verdade, ele é um poderoso aliado na construção de *estratégias ou procedimentos específicos para a leitura de textos informativos*, já que é um tema sobre o qual as crianças têm vários conhecimentos (o estudo dos animais costuma despertar o interesse natural das crianças). Esses conhecimentos, como veremos a seguir, permitem que a aproximação com os textos se dê mais facilmente.

Para detalhar melhor essas *estratégias* e *procedimentos*, irei basear-me em alguns estudos que enfocam justamente as estratégias dos leitores competentes para a compreensão do texto informativo.

Há três tipos de atividades utilizadas pelos leitores experientes durante a leitura desses textos:

- As atividades do primeiro tipo são aquelas que permitem interpretar as informações do texto a partir do reconhecimento das palavras, a construção de proposições e sua integração, para que se vá estabelecendo uma progressão temática. É como se constantemente estivéssemos nos colocando a seguinte pergunta "do que trata este texto?".
- No segundo tipo de atividade, o leitor deve acionar sua bagagem

---

[8]Ferreiro, Emília. *Com todas as letras*, Cortez Editora, p. 19.

de conhecimentos relativos ao tema para que possa organizar os conhecimentos novos, relacionando-os com aqueles que já possui sobre o tema. Vale aqui lembrar que esses conhecimentos tanto dizem respeito ao conteúdo como à estrutura textual, pois estas funcionam para o leitor como esquemas de interpretação, ou seja, ajudam a organizar mentalmente o conteúdo que vai sendo lido.

• As atividades do terceiro tipo têm um caráter auto-regulatório, ou seja, servem para planificar, avaliar e regular o andamento da leitura, detectar falhas na compreensão e decidir que tipo de medida se tomará para tornar mais claro o significado (reler, ler adiante para encontrar alguma informação útil, resumir o que já se sabe são alguns exemplos dessas atividades)[9].

Nos processos de leitura a que nos dedicamos, realizamos todas essas atividades de forma inconsciente. Para as crianças, porém, leitoras recentes, isso não acontece, e é necessário que a ação pedagógica se volte para a formação dessas estratégias, para garantir que a aproximação com os textos informativos cumpra sua função de ampliação dos conhecimentos.

No trabalho de sala de aula, "as situações de ensino-aprendizagem que se articulam em torno das estratégias de leitura (são) processos de construção conjunta, nos quais se estabelece uma prática guiada, através da qual o professor proporciona aos alunos os 'andaimes' (esta é uma alusão metafórica, pois os andaimes estão sempre um pouco acima do edifício a cuja construção contribuem, e, depois de finalizada, podem ser retirados sem risco de desmoronamentos) para que possam dominar progressivamente ditas estratégias"[10] e utilizá-las autonomamente.

> Para aprender a ler, as crianças precisavam ver a leitura como algo interessante, que as desafia, porém que poderão alcançar com a ajuda do professor.

---

[9] Sánchez Miguel, Emílio. *Los textos explositivos*, Santillana, p. 110 e 111.

[10] Solé, Isabel, idem, p.77.

A realização desse trabalho na sala de aula não é fácil, já que se trata de explicitar processos que normalmente acontecem sem que tenhamos consciência deles. É necessário que o professor atue como um modelo de leitor, que atue na presença dos alunos, verbalizando as atividades que normalmente realiza de maneira implícita ao ato da leitura. É necessário também que o professor seja, num primeiro momento, aquele que propõe atividades coletivas, discutidas entre as crianças, para permitir que tais ações sejam aos poucos internalizadas individualmente.

Nada melhor para exemplificar esse processo do que trazer o exemplo de uma leitura realizada em classe, que registrei em meu diário.

Estratégias de leitura trabalhadas:	Atividade: Leitura
	QUATI VERMELHO O quati vermelho vive nas florestas do Paraná. Ele mede cerca de um metro de comprimento. Os quatis vivem em bandos que são formados de fêmeas e machos jovens. Quando ficam adultos, os machos preferem viver sozinhos. *Folha de São Paulo - Folhinha, 2/5/92*
Acionar os conhecimentos prévios relativos ao conteúdo e à estrutura textual (quando falamos do conteúdo não nos referimos necessariamente a este animal específico, mas ao que normalmente é relevante num texto que aborde o modo de vida de um animal qualquer).	Coloquei o título do texto na lousa e perguntei-lhes o que poderíamos esperar de um texto que tivesse esse título (queria tanto saber que tipo de texto esperavam encontrar, como também o que sabiam em relação ao conteúdo). Quase todas as crianças achavam que encontrariam um texto informativo, mas algumas achavam que se tratava de uma fábula. Em relação ao conteúdo, porém, não tiveram dúvidas em levantar informações pertinen-

	tes aos textos informativos (o texto deveria informar se o quati está ou não em extinção, em que local ele vive, quais os tipos de quati existem, sobre sua alimentação, sobre o local onde ele mora, sobre seus predadores, sobre seu tempo médio de vida, sobre seu tamanho e peso, se ele é mamífero ou ovíparo). Lemos o texto algumas vezes e depois voltamos a nossas hipóteses.
Regular a leitura a partir do confronto com hipóteses levantadas (e sua adequação ou não ao texto em questão).	As crianças não encontraram dificuldades em identificar o texto como informativo. Então passamos a avaliar as hipóteses relativas ao conteúdo. Para cada hipótese levantada, eu perguntava se o texto fornecia ou não aquela informação e quando isso não acontecia, perguntava se aquele tipo de informação era ou não pertinente a um texto informativo (mesmo que não aparecesse no texto em questão).
Relacionar novos conhecimentos aos já construídos (integrando conhecimentos prévios e informações apresentadas pelo texto).	Levantei com as crianças quais **as informações** que constavam no texto e que **não havíamos** previsto (listei-as na lousa). **Finalmente**, devido a uma pergunta de Melina, relativa ao tamanho do quati (no texto estava escrito que o quati mede cerca de um metro e ela queria saber quanto era um metro), peguei uma régua, mostrei a todos suas divisões (que algumas crianças sabiam tratar-se de centímetros), falamos de centímetros e da equivalência com um metro (que uma criança sabia). Usando a régua, fomos calculando (ao mesmo tempo que ia traçando) quantas medidas de 30cm seriam necessárias para chegar a um traço de um metro. Apontei então que aquele seria o

> comprimento do quati. Por sugestão da Patrícia, fiz um outro traço de um metro na vertical e todos puderam comparar-se com o tamanho do quati. Finalmente, mostrei no mapa onde se situava o Paraná e mostrei também uma figura do animal de que estávamos falando. Após tudo isso, preencheram um quadro com perguntas referentes ao animal descrito no texto.

Nem todos os textos que lemos são abordados dessa forma. Muitas vezes apenas lemos os textos para saber mais sobre algum animal. Em outros momentos, temos algumas perguntas (levantadas pelo grupo, a partir do título do texto). Fazemos uma leitura geral e uma segunda, na qual peço que se detenham todas as vezes que julgarem que uma de nossas perguntas está sendo respondida (dessa forma, procuro garantir que tenham uma ação de controle do que está sendo lido, de manterem-se atentos ao que coloca o texto, relacionando este conteúdo àquilo que querem saber).

É importante frisar que, quando estão produzindo um ou outro texto, as crianças estão reapresentando e aprofundando seu conhecimento sobre suas estruturas, e essa possibilidade de se colocarem no papel de escritores de diferentes tipos de texto contribui para o aprimoramento de estratégias necessárias para a leitura.

"Não se trata tanto de ensinar que isso é uma narrativa e aquilo um texto informativo, como de ensinar o que caracteriza cada um desses textos, mostrar as pistas que nos conduzem a sua melhor compreensão e tornar o leitor consciente de que pode utilizar as mesmas 'chaves' que o autor usou para compor um significado, só que dessa vez para interpretá-lo. Fomentar as estratégias de escrita para redigir textos distintos pode ser, sem nenhuma dúvida, uma das melhores formas de contribuir com isso (a construção do significado)"[11].

---
[11] Idem, ibidem, p.88.

Em nossa classe, o trabalho de leitura está muito integrado à produção de textos. Já tivemos várias atividades onde as crianças foram autoras de textos informativos:

A partir de uma ficha técnica — As crianças utilizaram as informações organizadas em fichas dos animais, produzindo um texto informativo:

> **Animal:** Pingüim
>
> **Descrição:** Aves que não voam, mas são excelentes nadadoras. Possuem pernas curtas. São negro-azulados no dorso e brancos no ventre. Medem 1,2m de altura e possuem 45 kg.
>
> **Localização:** sul do Hemisfério Sul.
>
> **Alimentação:** Peixes.
>
> **Hábitos:** Vivem em colônias com milhares de aves. Colocam seus ovos em terra.

BIANCA
O PINGÜIMS
OS PINGUIMS COME PEIXES E KRILL E BOTAM OVO DEBAICHO DA TERA E MORA NO SUL DA ANTÁRTIDA ELE PESA 45 QUILOS
O PINGÜIMS PEDEM 1,2 METROS E TEM NADADERAS E INVEIS DE ASAS

O PINGUIN
O PINGUIN SE ALIMENTA DE PEIXES
ELE VIVE NA COLONIAS
E TEN PERNAS CURTAS
ELE VIVE NO SUL DO ESMIFÉRIO SUL E POSSUEN 45 KG
SÃO NEGRO AZULADOS NO DORSO E BRANCO NO VENTRE ELE MEDE 1,5 DE ALTURA

A partir de entrevista realizada com o professor — Como lição de casa, as crianças tiveram de elaborar perguntas sobre os ursos (que eu havia estudado previamente). Fizeram uma entrevista comigo, e depois, a partir das informações que forneci, compuseram o texto:

Segue um exemplo.

> ARIEL 17-5-1996
>
> OS URSO
>
> EXISTE UMA ESPECE DE URSO PARDO QUE CE CHAMA KODIAK QUE MEDE CERCA DE 3M DE ALTURA E 700KG. O URSO MALAIO MEDE CERCA DE 1. 1m2,0CEMTIMETRO E 45KG
>
> OS TIPOS DE URSO SÃO URSO PRETO URSO PARDO URSO POLAR URSO MALAIO URSO HIMALAIO URSO DE ÓCULOS URSO BEIÇUDO
>
> TODOS OS URSOS TEM DENTES AFIADOS O URSO PRETO O URSO PARDO E O URSO POLA COSTUMA COME CARNE DE PEIXE E ETC... OS URSOS COREM RISCO DE EXTINÇÃO PORQUE OS HOMEMS USÃO AS FLORESTAS PARA FAZER SIDADE E PLANTAÇÕENS

Não temos a pretensão de esgotar o trabalho com os textos informativos na primeira série. Durante as séries seguintes, as crianças terão a oportunidade de aprofundar esse conhecimento. O que pretendemos é ampliar o contato das crianças com esses textos, favorecendo a construção das estratégias de leitura fundamentais para que funcionem efetivamente, para os alunos, como fonte para a obtenção de novos conhecimentos.

> 2º Série - Tarde
> 1º Semestre / 94
> Dayse Gonçalves

Na introdução do livro *La escuela y los textos*, defendendo a idéia de que é papel da escola fazer com que os alunos sejam, pelo menos inicialmente, "pessoas que escrevem", ou seja, que "possam valer-se da escrita quando necessitam e o façam com adequação, comodidade e autonomia", Ana Maria Kaufman cita o escritor e ensaísta Roland Barthes, quando diz que o verbo "escrever" pode ter diferentes acepções: " (...) no caso de um escritor, se trata de um verbo intransitivo: escreve pelo prazer de escrever e têm mais peso as palavras utilizadas que a informação contida nesse texto literário. (...) quando o que escreve não é um escritor, o verbo passa a ser transitivo e o que importa são os dados transmitidos."[1]

Desse ponto de vista, com o qual nos identificamos, cabe à escola não só ensinar a ler e a escrever, mas também garantir o aprendizado de diferentes maneiras de ler e de escrever. E é por isso que trabalhamos

---

[1] Kaufman, Ana Maria; Rodriguez, María Elena. *La escuela y los textos*. Argentina: Santillana, 1993. No Brasil, publicado pela Artes Médicas sob o título *Escola, leitura e produção de textos*, em 1995.

com diferentes tipos de textos durante toda a escolaridade de nossos alunos, isto é, antes, durante e depois do processo de alfabetização.

Na 2ª série, dando continuidade ao processo de aprendizagem já vivido, procuramos contribuir para a ampliação do conhecimento de nossos pequenos escritores-leitores sobre textos informativos e literários.

O Trabalho com Textos Informativos

Esse tipo de texto passa a ganhar importância na vida escolar das crianças a partir da 1ª série. São um meio para os alunos adquirirem novos conhecimentos através de pesquisas orientadas pelo professor, ou mesmo através de pesquisas autônomas que possam realizar, a partir da necessidade e do interesse que venham a ter por conhecer outros assuntos. No entanto, para que possam produzir leituras com compreensão e para que possam produzir textos informativos, necessitam conhecer esse tipo de estrutura textual.

Nesse primeiro semestre, trabalhamos com a leitura de biografias relacionadas aos estudos de História (*Os Grandes Navegadores*) e de textos informativos sobre as regiões da Terra que estudamos como conteúdo de Ciências: os pólos, desertos e florestas tropicais e a vida e adaptação de alguns animais a essas regiões.

Foram propostas atividades que favorecessem uma análise da maneira como esse tipo de texto pode ser estruturado a depender do tipo de trama utilizada (descrição, narração etc.) e da diagramação empregada, com seus subtítulos, ilustrações, legendas e outros tipos de caracteres que chamam a atenção para palavras-chave ou termos que se pretende destacar.

Biografias

Os primeiros textos informativos lidos esse ano foram as biografias dos navegadores Marco Polo e Cristovão Colombo. A leitura acontecia logo após momentos em que contava para meus alunos a história de vida desses exploradores, com uso do mapa-múndi para localização de suas rotas de viagem e destaque de sua importância em uma determinada época da História da Humanidade.

Como os alunos já tinham se aproximado das narrativas biográficas desde o ano passado, quando estudaram a vida de alguns compositores no projeto "São Paulo Antigo", supus que esse conhecimento, ampliado pela análise realizada à forma como a biografia de Marco Polo havia sido estruturada na enciclopédia Delta Universal, iria dar-lhes certa competência para a escrita desse tipo de texto.

Depois de uma "aula" sobre a vida de Colombo, que disse-lhes ser parecida com um tipo de situação mais comum às classes do ginásio — e que por isso escreveria um roteiro na lousa e eles fariam anotações no caderno —, propus que escrevessem, como lição de casa, um texto informativo sobre o navegador genovês. Na seqüência, pode-se observar o roteiro de aula e outras informações sobre o navegador anotados no caderno e apreciar uma produção feita com base nas anotações do caderno. O trabalho com texto biográfico terá continuidade no segundo semestre, relacionado ao projeto "Imigração no Brasil: Heranças Culturais".

```
5/9/94

Tema: Cristovão Colombo e a Descoberta da América

(a) Quem foi ele? -
(b) Sua infância e adolescência -
(c) Suas primeiras viagens -
(d) A grande idéia: O que Colombo pretendia fazer -
(e) A tentativa de "vender" seu plano
(f) Sua primeira viagem a América -
(g) As três outras viagens -
(h) Os últimos anos do "Almirante do Mar"
```

Outras informações:

(a) Local de nascimento: Gênova (Itália)
(b) Data de nascimento: entre 25 de agosto e 31 de outubro de 1451.
(c) Filiação: Domenico Colombo e Susana Fontanarossa.
(d) Irmão mais próximo: Bartolomeu (cartógrafo)
(e) Nome das caravelas: Santa Maria, Pinta e Niña
(f) Nome dos reis aos quais propôs seu plano: D. João II (de Portugal), D. Fernando e D. Isabel (da Espanha), Henrique VII (da Inglaterra) e Carlos VIII (da França).
(g) Data e local de partida: 3 de agosto de 1492, Porto de Palos, na Espanha.
(h) Data e local de chegada: 12 de outubro de 1492 numa das ilhas do arquipélago das Bahamas, na América Central.
(i) Data de partida: 16 de janeiro de 1493, Colombo seguiu a bordo da Niña.
(j) Data de chegada: 15 de março de 1493, no porto de Palos.
(k) Data e local de morte: 20 de maio de 1506, em Valladolid, na Espanha.

> Cristovão Colombo naceu em Gênova, na Itália em 1451 entre 25 de agosto e 31 de Outubro. seus pais Domênico Colombo e Susana Santamarosa são tecedores de lã. des de pequeno ele se interesava por barcos, e sua maior viagem foi ir até a islândia.
> Colombo queria fazer um outro caminho para ir até a india então pediu ajuda ao rei D. João segundo de portugal este não aceitou então Colombo foi para a Espanha falar com o rei e a rainha Dom fernando e Dona Isabel. Eles aceitaram e foi com sua tripulação para o mar e ficou dias navegando com seus barcos, Santa maria, pinta e ninha. ele chegou na américa e viu os indios Colombo 'os deu esse nome porque pensou que tinha chegado as indias e voltou para a Espanha ainda fez mais tres viagens para a América e morreu em Valadolid a 20 de maio de 1506.

Saber que haverá outros leitores além do professor torna maior o comprometimento do aluno com a adequação de seu texto.

Professora: Vamos ver se é mesmo! Vamos ver o que se diz sobre o autor e a obra no prefácio.

As crianças já começam a leitura imaginando como deveria ser frio aquele país (Noruega) no inverno, em se tratando de uma região próxima ao Pólo Norte.

Professora: Vocês perceberam as palavras utilizadas pelo autor para dar a idéia de que o menino saiu correndo da cozinha em direção à sala de jantar?
Crianças: Rápido como uma flecha! É verdade! Uma flecha é muito rápida!
Criança 2: Lá trás ele disse "rápido como uma bala"! A bala é mais rápida ainda!

Mesmo questões de pontuação foram discutidas ocasionalmente. Lendo um longo parágrafo de fala de personagem no qual aparece uma fala de narrador tecendo considerações sobre a personagem que estava falando, muitas vezes eu perguntava às crianças que estratégia eles imaginavam que o autor havia utilizado para não colocar um travessão seguido do outro, mas na linha debaixo, para indicar fala do mesmo personagem. Muitas vezes fui à lousa para escrever um trecho que tinha acabado de ler. O autor se transformava naquele momento em modelo para estes pequenos escritores.

No mesmo dia em que terminamos de ler o livro, recebi um telefonema à tarde, de um dos alunos, pedindo para levar o filme, para assistirmos juntos no dia seguinte. Combinei também de ficarmos um dia à tarde, antes do encerramento das aulas, pelo puro prazer de reler. Ah! O direito de reler...

"Reler o que me tinha uma primeira vez rejeitado, reler sem pular, reler sob um outro ângulo, reler para verificar, sim... nós nos concedemos todos esses direitos.

Mas relemos sobretudo pelo prazer da repetição, a alegria dos reencontros, para pôr à prova a intimidade.

> Enquanto freqüentam as classes de 1º grau, as crianças ainda não têm conhecimento suficiente para ter autonomia de opinião sobre a qualidade dos textos através dos quais estão aprendendo. Isso, no entanto, não impede que possam pensar, ajudadas pelos professores, sobre a qualidade de diferentes tipos de textos que chegam até elas.

'Mais', 'mais', dizia a criança que fomos... Nossas releituras adultas têm muito desse desejo: nos encantar com a sensação de permanência, e as encontramos, a cada vez, sempre ricas em novos encantamentos."[7]

Neste mês de junho estamos concluindo a leitura do terceiro livro. É um livro de contos modernos, escritos pelo francês Pierre Gripari, sob o título "Contos da Rua Brocá". As condições em que este livro foi escrito são muito interessantes, e as crianças conhecem a história. Este escritor escreveu os contos em colaboração com as crianças de uma rua onde foi morar. Os protagonistas das histórias são crianças já muito conhecidas da gente, são descendentes de imigrantes, como os filhos do merceeiro argelino, o Sr. Said, as filhas de uma casal italiano, etc.

Continuaremos lendo no próximo semestre. "Mathilda" do mesmo Roald Dahl, é o primeiro da lista.

A Roda de Biblioteca

Embora tenha me estendido muito nas considerações sobre as leituras feitas junto com o professor, quero dar-lhes notícias das rodas de biblioteca, que vêm acontecendo semanalmente desde fevereiro.

Nestas rodas as crianças tecem comentários sobre as leituras que realizaram durante a semana, mesmo que não tenham lido nada da biblioteca da classe. Comenta-se sobre peculiaridades das personagens, sobre a trama, sobre as ilustrações, sobre a quantidade de texto, sobre as dificuldades de leitura (quando ocorrem), sobre os sentimentos despertados. Fala-se sem medo de desistência, inclusive o que denota o caráter de não obrigatoriedade para com a leitura neste contexto que é a roda.

---

[7]*Capítulo 4, da Parte IV do livro.*

Os livros recomendados pelos colegas são sempre bem-vindos, porque revelam uma estima gostosa de sentir, ou porque os comentários feitos são tão entusiasmados que dá vontade de ler para conferir.

Às vezes fazemos esta roda na biblioteca da escola, para que as crianças possam retirar livros de seu acervo como opção frente aos livros que dispomos em classe, e que já não são muito retirados por serem velhos conhecidos reencontrados pelas crianças em várias classes desde a pré-escola; os melhores já foram lidos pela maioria e exaustivamente comentados, tirando um pouco "a graça da leitura" (como dizem as crianças).

Organizei para o grupo uma lista de livros da biblioteca da escola, como sugestão de leitura. Como geralmente são livros mais extensos, com histórias mais longas, coloquei inicialmente como opção de lição-extra para aqueles que não apresentavam grandes questões com relação à pontuação e à separabilidade das palavras, mas que podem, tanto quanto os outros, ampliar suas competências leitora e escritora. Porém, a idéia de ler histórias longas parece ter contagiado a grande maioria das crianças da classe, que, num primeiro momento, têm-se colocado o desafio de ler livros com histórias bem compridas.

APÊNDICE

Heloisa Prieto e Zélia Cavalcanti

TRABALHANDO COM TEXTOS INFORMATIVOS

Quando avaliamos o material didático impresso (livros, revistas, etc.) com os quais a criança se defronta em seus anos de escolaridade, verificamos que é grande o volume de textos informativos com qual tem que trabalhar. Aprender a trabalhar com esse tipo de texto é fundamental para a vida escolar.

Em meio aos diferentes textos informativos que os alunos podem e devem encontrar na escola, temos que reconhecer o lugar de destaque que devem ter os jornais diários, os dicionários e as enciclopédias, nas quais os alunos encontram informações variadas e com os quais podem aprender muitos conteúdos relacionados ao currículo escolar.

Jornais

Um jornal moderno contém notícias recentes que podem estar descritas em textos informativos e comentadas em textos articulados. Qual é a diferença?

Fotos, legendas, uma boa diagramação e até mesmo desenhos podem compor uma página que destaca um acontecimento marcante, como a eleição de um presidente, por exemplo.

Para que o leitor possa perceber a diferença entre uma opinião e uma notícia que é apenas veiculada para o grande público, os jornais costumam publicá-las das duas formas citadas acima. Quando uma notícia é articulada, isto é, comentada e analisada, isto vem claramente indicado em seu título e subtítulo para que o leitor saiba que lerá uma opinião pessoal.

Ou seja, os jornais atuais são feitos de forma bastante didática, com cadernos específicos abordando diferentes temas, uma grande variedade de recursos gráficos que tornam a leitura mais agradável e fluente para um leitor com pouco tempo a perder, o leitor do mundo moderno, que está habituado a receber as notícias da televisão.

Mas nem sempre foi assim.

Um pouco de história

Em seus primórdios, os jornais não tinham uma preocupação tão nítida com a fidelidade aos fatos. Seu objetivo principal era formar, a qualquer custo, um público de leitores. E as estratégias que utilizavam para chamar a atenção do público hoje parecem até hilariantes.

A veiculação de informações foi feita através dos mais diversos modos através dos séculos: através de tambores, os aedos da Grécia Antiga, os homens que gritavam notícias pelas cidades da Idade Média, foram os ancestrais de nossos jornalistas.

Geralmente se considera o papiro de Thebas como a primeira notícia escrita no mundo. Há três mil anos antes de Cristo, ofereceu-se, pela primeira vez por escrito, uma recompensa pela captura de um escravo fugitivo.

Séculos depois, na Roma Antiga, Caius Salluste, um protegido de Julio César, era redator de uma publicação chamada Crônica de Variedades; a cada semana, 300 escravos recopiavam 10.000 exemplares por edição.

Na Idade Média, com a expansão do comércio, os banqueiros e mercadores teutônicos instauraram a prática de informar os principais acontecimentos em folhas manuscritas que se chamavam *avvisi* (avisos), na Itália.

Textos descrevendo as novidades da corte, os cataclismas naturais, e também os monstros, milagres, diabos e feitiçarias, eram vendidos aos gritos pelas vilas e campos da Europa em meados de 1600.

O sensacionalismo (que até hoje é o principal apelo de certos jornais) atribuía um papel importante aos adjetivos, nos, cabeçalhos dessas publicações.

Durante quatro séculos, tendo seu apogeu no século XIX, as publicações sensacionalistas desfrutaram de enorme popularidade. Tendo "assassinato, crimes, roubos" como palavras-chave, acompanhados de adjetivos como "horripilantes, horríveis" e uma chamada para os detalhes "escabrosos ou curiosos" do crime, eram feitos para serem lidos em voz alta por seus vendedores, causando sensação nas ruas.

Assim, no início de sua veiculação, os vendedores de jornal, com toda a algazarra que criavam, uniam a notícia falada à palavra escrita, num casamento que nem sempre era fiel.

A *Gazeta*, uma publicação contendo um editorial, anúncios publicitários, um estilo límpido com uma nítida preocupação pela veracidade das notícias, era editada pelo jovem médico Renaudot, na França, em meados de 1630. Renaudaut também criou os números especiais (notícias extraordinárias) e os suplementos, privilegiando os fatos em detrimento dos comentários. Cada informação passa a trazer a data e sua fonte.

Jornais na sala de aula

O jornal como instrumento de transmissão de informações e conhecimentos deve ser uma presença constante na vida escolar, e o ideal seria que todas as escolas assinassem dois ou mais jornais e os colocassem à disposição dos alunos na biblioteca.

No decorrer de seu processo de escolarização, a criança passa a perceber que existem mais pontos de vista do que o dela mesma. Quantas versões podem existir de um mesmo fato?

Um trabalho desenvolvido a partir da leitura de jornais pode ajudá-la a perceber a complicada trama da existência e as diversas nuances da percepção e da verdade.

Há inúmeras maneiras de interagir com o jornal na sala de aula. Vamos dar alguns exemplos, mas é importante que o professor, como leitor de jornais que deve ser, encontre outras tantas formas de criar futuros leitores competentes de jornais, enquanto ajude seus alunos a aprenderem a ler e escrever textos informativos.

O professor pode comentar com sua classe uma notícia de última mão, como, por exemplo, um cataclisma natural.

Muitas vezes as crianças foram expostas a cenas trágicas de um desastre através do noticiário da televisão. Mas há muitas coisas que a televisão não é capaz de mostrar, devido à própria natureza fragmentada da linguagem dos jornais televisivos.

Trazendo o jornal à sala de aula, ou pedindo que os alunos façam uma leitura em biblioteca, eles poderão descobrir por que esse desastre aconteceu. (Se houve a erupção de um vulcão, um terremoto, etc.) e o que são esses desastres naturais. (Os bons jornais costumam conter um quadro de informações anexados à notícia explicando as causas naturais desses fenômenos.)

Podem ler uma entrevista feita *in loco* com um sobrevivente e ter, portanto, uma dimensão humana dos fatos. E, finalmente, elas poderiam ler um comentário feito por um dos articulistas do jornal expressando seus sentimentos e idéias a respeito de um acontecimento desse porte.

Além disso, podem descobrir que providências estão sendo tomadas para auxiliar as pessoas atingidas por esse desastre natural. Ao fazer uma leitura de um fato como esse, infelizmente muito comum até hoje, a criança estaria tendo contato com diversos tipos de texto, tais como a informação veiculada por escrito, a entrevista, a explicação científica, e o comentário de teor subjetivo e pessoal.

Porém, talvez a melhor maneira de se ler um jornal seja tendo em mente a possibilidade de redigir um texto jornalístico. Todo escritor é um leitor privilegiado e atento às minúcias de uma passagem escrita.

Os professores podem criar condições para que se forme uma pequena redação mirim na escola, relatando não só os fatos ocorridos nas classes e salas de aula, como também os principais acontecimentos da semana ou mês, caso a publicação seja mensal, do mundo todo.

Para desenvolver um trabalho dessa natureza, é muito importante enfatizar a forma de veicular as informações e os códigos jornalísticos que os homens levaram tantos anos para criar.

Informações que parecem corriqueiras, como o fato de que palavras citadas, o conteúdo de uma entrevista, devem estar escritas entre aspas ou introduzidas por um travessão, são essenciais para o ofício de um jornalista sério, e nem sempre são claramente decifradas pela criança.

A necessidade de introduzir as fontes das notícias, caso tenham sido colhidas de outros jornais, o espaço reservado para as informações acerca da rotina escolar, os cadernos e assuntos, os títulos e sua diagramação constituem uma série de normas de um meio de comunicação específico no qual cada detalhe tem seu valor e importância.

Enciclopédias

Organizadas de forma a qualquer pessoa poder consultá-las, as enciclopédias são geralmente fartamente ilustradas, e mesmo não sendo um leitor competente, um bom leitor de informações contidas em imagens pode aprender muito com elas.

Por isso, podemos dizer que as enciclopédias são importantes meios de democratização do saber. Aliás, esse aspecto faz parte de sua história.

Um pouco de história

Na Europa, livros contendo informações sobre um determinado tema, bem como dicionários de língua, eram escritos desde a baixa Idade Média. No século XIV, havia, por exemplo, os dicionários de Artes e Ciências, de Thomas Corneille, considerados como uma das primeiras enciclopédias técnicas do mundo.

Porém a primeira enciclopédia moderna dirigida ao grande público foi publicada no século XVIII, em pleno Iluminismo.

Contando com a colaboração de Voltaire, autor de *Cândido* e um dos maiores filósofos de seu tempo, e de Rousseau, o criador do primeiro texto pedagógico moderno, *Emílio*, a enciclopédia foi dirigida por Diderot, autor de *Jacques, o fatalista*, e diversos ensaios filosóficos.

Obra de natureza transdisciplinar, a enciclopédia é reconhecida como a primeira grande tentativa de escrever um livro que integrasse conhecimentos de todas as áreas, escrito com clareza e fartamente ilustrado, com o objetivo de divulgar o conhecimento de especialistas ao grande público. Esse trabalho, de certa forma, preconizava a Revolução Francesa, que teria como um de seus principais objetivos colocar os conhecimentos e a educação ao alcance de todos.

O pintor Rafael era considerado autor de uma obra exemplar, pois ele tentava retratar o corpo humano e a natureza da forma mais fiel e detalhada possível. O desenho, como o texto enciclopédico, deveriam ser científicos.

Desenhos anatômicos foram publicados pela primeira vez, com a intenção de instruir os praticantes de medicina. A reação da Igreja foi imediata, e os enciclopedistas enfrentaram forte censura e ordens de prisão pela publicação de textos considerados imorais em sua época.

Entretanto, a intenção dos organizadores da época não era absolutamente a de provocar escândalos, mas simplesmente registrar os fatos como eram.

Para Diderot, Voltaire e d'Alembert, o universo era um grande livro perfeitamente decifrável. Bastava saber lê-lo. A enciclopédia traduz, ao leitor moderno, a utopia de um século que acreditava piamente no emprego da razão para a solução de todos os problemas do mundo, que desprezava a religião e as superstições e advogava o caminho rumo à futura industrialização e modernidade.

Além da Bíblia, a enciclopédia foi um dos primeiros livros a ser amplamente comercializado. Feito em pranchas, impresso à custa da força manual dos próprios artesãos, cada exemplar demorava bastante a ser concluído. Conta-se que os artesãos eram pagos pelo número de batidas da máquina de impressão contra a prancha. Portanto, o ruído era constante, trabalhava-se dia e noite.

Muito se passou desde aquela época, e, atualmente, em plena era da informática, os conhecimentos são transmitidos de forma cada vez mais rápida e eficaz. Há inúmeras edições de enciclopédias disponíveis para o estudante, e as bancas de jornais estão repletas de fascículos e pequenos dicionários ilustrados. Afinal, a luta dos antigos enciclopedistas realmente valeu a pena.

Enciclopédias como objeto de aprendizagem

Em sala de aula, o professor pode introduzir a leitura de enciclopédias não só ensinando seus alunos a utilizarem essas publicações como um apoio à pesquisa, como também pode fazer com que a compreendam enquanto um gênero da escrita.

Como se constrói uma enciclopédia?
O que é um verbete?
Como estão aglutinados os principais tópicos?

Uma vez tendo feito um estudo de como se organiza o texto no seio de uma enciclopédia, o professor pode organizar grupos em classe e pedir aos alunos que escolham temas para a criação de pequena enciclopédias.

Animais, plantas e até mesmo jogos e brincadeiras podem ser registrados pelo grupo e organizados em ordem alfabética em formato de verbetes que os descrevem minuciosamente. Desse modo, de forma lúdica e instrutiva, a classe poderá ter seu próprio repertório de interesses organizado e depois socializado pela escola através de um mural ou publicação. Ao criar uma pequena enciclopédia em classe, o professor estará propiciando um trabalho de pesquisa, escritura de texto referencial (descritivo) no qual se privilegia a organização lógica e concisa como eixos do discurso. Poderá também introduzir o uso de uma bibliografia, o papel das notas, folha de créditos e até, se os alunos o desejarem, de agradecimentos.

A HISTÓRIA DA ESCRITA NO PROCESSO DE ALFABETIZAÇÃO

Seja qual for o encaminhamento pedagógico adotado pelo professor e por sua escola, sempre se enriquesse muito o processo de alfabetização aliando-se o aprendizado da língua escrita a um estudo sobre a história da escritura e dos alfabetos.

Ao desenvolver um trabalho de pesquisa histórica juntamente ao de alfabetização, o professor de primeiro grau não estará apenas ampliando o repertório dos alunos. Estará introduzindo os conceitos que se agregaram em torno da escrita através dos séculos. Estará transmitindo aos alunos a idéia de que a escrita é um processo fascinante que a humanidade levou anos para criar.

Um pouco de história da escrita e seu aprendizado

Para os antigos egípcios, uma das primeiras civilizações a adotar a escrita como disciplina escolar, o aprendizado da escritura estava impregnado de magia. Thot, o deus da sabedoria na mitologia egípcia, havia criado o sistema da língua escrita e presenteado os homens com esse novo saber. Naquela época, aprender a ler e a escrever equivalia, de certo modo, a descobrir uma arte encantatória exercida por poucos eleitos e que atribuía ao seu aprendiz poderes supremos. Era a época da crença na magia da palavra, em encantamentos secretos cuja eficácia não era jamais posta em discussão.

Os escribas, detentores deste conhecimento e responsáveis por ensiná-lo aos jovens, formavam a casta mais poderosa da sociedade e exerciam grande influência sobre os faraós e a sociedade como um todo. No entanto, foi graças ao seu rigor que os antigos egípcios puderam registrar sua história, sua medicina, gastronomia, astronomia, mitologia e literatura.

O sistema gráfico por eles utilizado era, realmente, uma escrita dos deuses — a palavra hieróglifo significa grafia sagrada e era composta de magníficos desenhos admiravelmente estilizados formando belíssimos poemas visuais, os quais, tantos séculos depois, permanecem extasiantes. A originalidade e complexidade dessa escritura contém três tipos de signos: os pictogramas, os desenhos representando coisas ou seres, aliados a uma combinação de signos para exprimir idéias e fonogramas, desenhos que representam sons e, finalmente, os determinativos, os signos que permitem saber a que categoria pertencem as coisas e seres em questão.

Os egípcios foram também os inventores do papel, em sua forma mais arcaica, *o papiro*. Como o trabalho no papiro exigia muita minúcia e paciência, criou-se a escrita cursiva, mais fácil de ser aplicada sobre esse suporte e que contribuiu para a popularização da escrita que se expandiu para além do meio seleto controlado pelos escribas.

Para uma criança egípcia, o caminho da alfabetização era um tanto árduo — o melhor ouvido da criança são suas costas, rezava um provérbio da época, justificando a prática de bater com varas nas costas das crianças que porventura dessem um pequeno sinal de distração durante as aulas.

Ingressando na escola aos dez anos de idade, as crianças custavam alguns anos a alfabetizar-se. Os alunos com mais facilidade de aprender eram escolhidos pelos escribas para que prosseguissem com os estudos até a idade adulta.

O método utilizado pelos mestres egípcios consistia em exercícios de memorização, leitura, cópias e ditados. Como se vê, suas estratégias ainda freqüentam muitas salas de aula contemporâneas.

A história da escrita é uma história de família, pois a escrita árabe, como a hebraica, nasce a partir do alfabeto fenício. Como? Não se sabe exatamente.Constatou-se apenas que nos primórdios da era da escrita os povos do norte da Arábia utilizavam uma escrita que não era fenícia, nem árabe.

As primeiras inscrições árabes datam de 512-513, e foi em 622 que o profeta islâmico Maomé ouve a voz de Alá e a transcreve num livro sagrado — o Alcorão, no ano de 650. Mais uma vez, como no caso dos antigos egípcios, a escrita surge na forma de uma dádiva divina.

Em meados de VIII a.C., quando os egípcios ainda traçavam hieróglifos, e na Palestina ainda se utilizavam escritas alfabéticas, na Grécia se falava uma língua muito diferente e que não era capaz de transcrever os alfabetos existentes. Foi nessa época que os gregos tiveram uma idéia simples e genial — para anotar suas vogais, tomaram emprestado do alfabeto aramaico diversos signos que representavam caracteres inexistentes na língua grega. Assim nasceram o A- alfa, E- epsilon, O- omicron, Y- ipslon. Quanto ao I, foi uma inovação.

No século V a.C., o alfabeto grego já existe, contendo vinte e quatro signos ou letras, dezessete consoantes e sete vogais. Sabe-se também que esse alfabeto podia ser escrito em letras maiúsculas ou minúsculas. As letras maiúsculas eram utilizadas para gravar em pedras, ao passo que as minúsculas eram usadas para escrever sobre o papiro. Os gregos haviam inventado as *ardósias*, tabuletas cobertas de cera sobre as quais os alunos traçavam as letras com um estilete, os quais podiam ser apagados depois.

Dessa forma, com a invenção do alfabeto grego, surge nos séculos V e VI antes de Cristo uma das mais ricas literaturas de todos os tempos, representada por todos os gêneros: poesia, teatro, história e filosofia. É desse alfabeto que nasce nosso alfabeto latino.

A antiga escrita cuneiforme, os hieróglifos ou os caracteres chineses têm em comum o processo de transcrição de palavras ou sílabas. Saber ler e escrever, dentro desses sistemas, significa conhecer um grande número de signos ou caracteres.

O funcionamento do alfabeto se distingue desses sistemas, pois permite escrever tudo que se desejar com apenas trinta signos. Naturalmente isso não é exatamente simples, pois as vinte e seis letras do alfabeto não traduzem todos os sons da língua, e daí as dificuldades que a aprendizagem de ortografia coloca.

Contudo, se pensarmos que o aluno chinês deveria estudar mil caracteres e que o pequeno estudante egípcio aprendia algumas centenas de caracteres, e, na Antigüidade, o aluno da Mesopotâmia, ao estudar a escrita cuneiforme, deveria aprender seiscentos caracteres, bem, temos com o que nos consolar.

É por isso que o aparecimento do alfabeto é considerado o início do processo de democratização do saber.

Da época das pranchas de ardósia até nossos cadernos, lápis e até computadores em sala de aula muita coisa se passou, mas algumas práticas parecem permanecer.

A necessidade de reescrever, apagar os erros, parece forjar o material didático desde o início dos tempos. Porém, como se sabe, o erro faz parte de um processo, e, aparentemente, na sociedade grega era encarado como uma possibilidade, ao contrário da sociedade egípcia, na qual, como já dissemos, errar poderia equivaler a levar uma surra em classe ou ser condendo à prisão.

Atualmente, quando uma criança moderna ingressa na escola, já tem certa familiaridade com o lápis e a caneta. Pode-se dizer que a escrita é utilizada de forma democrática, pois não é privilégio de uma elite tão manipuladora quanto a dos os antigos escribas. A criança de hoje, na maioria das vezes, anseia pela chegada da hora de "aprender a ler e a escrever". Ela nem sequer desconfia do sofrimento dos antigos alunos egípcios, mas sabe que não será punida com crueldade caso fracasse; mesmo assim, os professores se vêem diante de um momento bastante delicado.

Contando a história de aprendizes de outras épocas, pesquisando com seus alunos ou referindo aspectos interessantes e curiosos da história da escrita, o professor pode criar situações interessantes para o tratamento de alguns aspectos da alfabetização. Vejamos alguns exemplos.

Trabalhando com questões de ortografia

Como sabemos, escrita é um código de comunicação determinado pela sociedade, e, por isso, deve obedecer a regras para que possa ser compreendido por pessoas em lugares e épocas diferentes. Se cada escriba egípcio tivesse inventado uma forma pessoal de escrever, seria impossível decifrar o conteúdo de seu legado, e a humanidade não teria acesso a todos os conhecimentos acumulados por aquela cultura tão rica.

Partindo dessa idéia, o professor poderá, por exemplo, atribuir uma nova dimensão à questão da correção ortográfica, colocando a seus alunos a questão: "É possível que cada aluno escreva da forma como quiser?"

Outra situação interessante pode ocorrer quando se discute com os alunos a necessidade do treino de caligrafia, pois, se cada aluno resolver traduzir a grafia das palavras de um modo único e pessoal, seu texto se tornará ininteligível, contrariando a função básica da escritura que é justamente a de comunicar.

Associando a aprendizagem da escrita a conteúdos de História e Geografia

Após uma pesquisa sobre a escrita no Antigo Egito, incluindo aspectos dessa civilização que tanto encantam as crianças (as pirâmides, o rio Nilo, faraós e múmias), o professor poderá propor diversas atividades em classe, tais como:

- *escrever à moda antiga*

Escrever os resultados da pesquisa sobre papel de seda, acompanhados de ilustrações criadas pelas próprias crianças.

Esse material requer um trabalho de caligrafia minucioso; portanto, o ideal é que as crianças escrevam inicialmente sobre papel comum, tenham a ortografia checada pelo professor e, em seguida, copiem o mesmo texto sobre papel mais delicado, tendo a liberdade de complementar seu trabalho com desenhos de sua autoria.

As folhas podem ser enroladas e atadas por laços para depois serem colocadas à disposição de colegas de outras classes.

Os trabalhos podem também incluir cartazes, maquetes, pequenas esculturas ou até uma parede de inscrições. (Os alunos cobrem uma parede da classe com papel e nela escrevem sobre o objeto de sua pesquisa utilizando textos e imagens, como faziam os antigos escribas nas paredes das pirâmides).

- *viagens no tempo através de jogos de "faz de conta"*

<u>- do presente ao passado</u>

A classe pode ser convidada a viajar até o Antigo Egito numa nave espacial, tendo como principal objetivo desenvolver uma pesquisa sobre a antigüidade.

Em um diário de bordo deve ser escrito um relato minucioso de cada dia da viagem, e, além desse diário central, cada tripulante deve ter um diário, comentando e analisando a viagem de um ponto de vista pessoal.

<u>- do passado para o presente</u>

Uma criança egípcia seria transportada pela nave até nosso tempo. Como será que ela reagiria? O que seria preciso lhe mostrar e explicar? Como seria possível comunicar-se com ela? Quais são as novidades de nosso tempo?

Depois de um debate em sala de aula, o professor pode pedir a cada aluno que escreva seu próprio texto sobre essa possibilidade.

Essas são apenas algumas sugestões para um trabalho possível em sala de aula, às quais a criatividade do professor deverá juntar muitas outras.

OS LIVROS E SEUS AUTORES

Hoje em dia, ao iniciarem sua vida escolar, todas as crianças esperam manusear e ler livros, mas certamente a descoberta desse universo será mais desafiadora se os professores instruírem seus alunos sobre seus principais instrumentos de estudo: os livros propriamente ditos.

Uma boa forma de aproximar os alunos desses que serão seus companheiros durante muitos anos é contar-lhes um pouco de sua história. Quando surgiram os primeiros livros? Como eram? Quem os escrevia?

Essa história, estreitamente relacionada à história da língua escrita, poderá alimentar muitas situações de aprendizagem durante o processo de alfabetização; e mesmo depois, quando, já sabendo escrever com desenvoltura e autonomia relativa, as crianças quiserem escrever seus próprios livros.

Um pouco da história dos livros

No século II a.C., os escribas de Pérgamo, na Ásia Menor, começam a utilizar couro para escrever. Isto é, inventam o pergaminho, uma página feita de couro de animais como a cabra, o antílope e mesmo a gazela. Esse suporte apresentava uma vantagem em relação ao papiro utilizado pelos egípcios: podia ser utilizado de ambos os lados.

O surgimento do pergaminho trouxe consigo duas mudanças fundamentais: primeiramente, permitia a utilização da pena, um instrumento muito mais prático do que as espátulas usadas anteriormente, e, além disso, podia ser dobrado, permitindo a invenção dos Códices, os ancestrais de nosso livros, feitos com folhas empilhadas umas sobre as outras.

Os gregos, que já haviam inventado a gravura sobre a pedra, inventaram também os escritórios, *scriptorium*, geralmente localizados ao lado de bibliotecas.

Nos antigos monastérios, cada copista possuía seu escritório, no qual executava seu trabalho de pé. Sua tarefa era a de concluir quatro folhas por dia, só que, naquela época, cada folha tinha de 35 a 50 cm de altura por 25 a 30 cm de largura, devendo ser minuciosamente trabalhada. O trabalho de copiar só era interrompido pelas orações. O anonimato era a regra de ouro. Quando um monge se distinguia pela beleza de seu trabalho, era sumariamente proibido de continuar a trabalhar, pois nada deveria conter a marca do autor. Mas, ao contrário dos escribas do Antigo Egito, os monges copistas da Idade Média não eram nem criadores, nem poderosos: eles escreviam, sem inventar praticamente nada. Sua criação se situava em outro plano: a arte da caligrafia e ilustração. E terminaram sendo, por isso, os inventores dos primeiros livros do ocidente, as belíssimas iluminuras, livros manuscritos fartamente ilustrados.

No ano de 768, o imperador Carlos Magno decide revolucionar o trabalho dos copistas. Ao exigir novas cópias de antigos trabalhos, opta também pela correção e atualização dos textos. Surgem assim os primeiros revisores do mundo, uma atividade que se mantém como essencial até os nossos dias, tanto para a feitura dos livros como no trabalho escolar.

A escrita abandonou os conventos e invadiu a vida dos leigos por volta do século XII. Os escribas laicos que colaboravam com os monges foram, pouco a pouco, organizando atelier e estúdios de trabalho. Redigiam documentos oficias para o novo grupo social que surgira, a burguesia, e compunham livros.

Até aquele momento, a edição dos livros era comandada pela nobreza e pela Igreja. Obras de luxo, os manuais de teologia compunham a maior parte dessa produção. A partir daquele século, começam a surgir os tratados de filosofia, de lógica, matemática ou astronomia.

Certos autores, como Dante, na Itália, começam a redigir em língua materna, abraçando assim um grande público que não dominava o latim. Dessa forma, pela primeira vez, a burguesia tem acesso à literatura e aos livros.

E o resultado desse encontro é uma grande paixão.

Os escritores se multiplicam e não dão conta de escrever tantos manuais. Surgem os livros de culinária, educação, medicina e também os romances.

Os primeiros livros do ocidente a entrarem em moda e desfrutar de um grande público são os romances de cavalaria, contendo as maravilhosas histórias do Rei Arthur, de cavaleiros como Rolando, o furioso, ou a belíssima jornada amorosa de Tristão e Isolda. Surgem também os romances por encomenda.

Devido à grande demanda de trabalho, aumenta o número de alunos e estudiosos da arte da cópia, escrita e caligrafia. Nessa época, considerava-se que sete anos seriam necessários para a alfabetização e aprendizado da arte da caligrafia. Em cada atelier, havia um mestre-artesão e seus aprendizes. Cada atelier guardava o segredo de suas técnicas, e a preocupação com a autoria, o direito à patente de um estilo, torna-se cada vez mais premente.

Esse desenvolvimento das edições manuscritas é acompanhado pela evolução dos caracteres. É o auge da utilização das letras góticas, pois esses caracteres permitiam uma melhor utilização do papel.

No século XV, na Itália, inventa-se um novo tipo de letra, mais econômica e redonda, que é alcunhada de letra "humanista". Ela marca, na verdade, a invenção da tipografia. E a época da Renascença testemunharia o nascimento da imprensa.

Em seus primórdios, a imprensa surge como um prolongamento da escrita manual. Na verdade, o impressor tentava apenas superar os escritores de manuscritos e realizar edições tão luxuosas quanto as obras caligrafadas. As páginas impressas continham uma grande margem para a decoração e ilustrações. A intenção era reproduzir o mais fielmente possível o aspecto do livro artisticamente manuscrito.

Para tal, foram inventadas letras maiúsculas extremamente complexas e adornadas.

Nada indicava que a invenção de Guttenberg revolucionaria a forma de transmissão de conhecimento. O próprio autor da invenção morreu, no século XV, na mais total miséria. Mas antes de falecer, imprimiu a Bíblia Latina, no ano de 1450, sem saber que, ao fazê-lo, imprimia seu nome na história mundial. E que, daquele momento em diante, o ato de escrever estaria intimamente vinculado ao ato de imprimir.

Muitos séculos se passaram até que o livro, o professor e a sala de aula formassem uma tríade indispensável na vida da criança. Hoje, tornar esse fato evidente e aproximar as crianças dos livros e de seus autores é parte fundamental do trabalho que o professor realiza em sala de aula.

Para isso, poderá, por exemplo, contar aos alunos o conteúdo desse texto e propor uma pesquisa mais aprofundada. Quem foi Guttenberg? Qual a importância de sua invenção? O que é a tipografia? Como é feito um livro atualmente? Qual a importância da leitura para a aquisição de conhecimento?

Esta pesquisa poderá ser transcrita em textos acompanhados de desenhos ou fotos.

O professor pode pedir que os alunos escrevam dois tipos de textos. Um deles pode ser basicamente informativo, contendo todas as informações que os alunos forem capazes de colher a respeito do tema. Nesse caso, ele estaria conduzindo um trabalho ancorado no gênero dissertativo.

Ele pode também concluir esse trabalho pedindo uma redação de cunho pessoal na qual o aluno possa contar como vem acontecendo seu aprendizado da língua escrita, os primeiros livros que conheceu, etc. Nesse caso, o professor estaria conduzindo um trabalho ancorado no gênero da crônica, a escrita que nasce do relato de uma experiência e opiniões próprias.

Essa pesquisa sobre a escrita pode ser "publicada", ou seja, datilografada pelo próprio professor e distribuída em cópias xerocadas para os outros alunos da escola. É importante que o professor corrija os erros ortográficos de seus alunos ao datilografar o trabalho, pois a socialização de um trabalho escrito exige esse rigor.

Assim, o professor estará não só trabalhando o conceito de socialização da escrita como também introduzindo a questão da revisão como atividade indissociável do ato de escrever.

Esse trabalho poderá ser concluído com a criação de uma pequena biblioteca dentro da sala de aula contendo os livros preferidos pelas crianças daquela classe. A catalogação dos livros segundo autores, editores, etc., introduziria noções básicas de biblioteconomia e, certamente, despertaria um vínculo afetivo mais profundo com o único amigo capaz de nos acompanhar durante uma vida inteira: o livro.

ALGUNS ENCAMINHAMENTOS PARA O TRABALHO COM TEXTOS LITERÁRIOS

Não é raro que o trabalho com literatura, geralmente iniciado depois que as crianças já têm conquistadas estratégias básicas de leitura e escrita para ler e escrever com alguma fluência, veja-se reduzido a poucas situações de leitura de um mesmo livro por todas as crianças da classe, seguidas de algumas atividades em que, a partir de algumas perguntas elaboradas pelo professor, os alunos resumem (e assim reduzem) o conteúdo de um livro à relação de seus personagens, referindo algumas ações que realizam dentro da trama do texto; normalmente, essa "síntese" é concluída com um pequeno texto que busca responder uma questão do tipo "qual a mensagem que o autor quis transmitir em seu livro".

Essa forma de realizar um trabalho de aprendizagem com conteúdos de literatura não apenas restringe e empobrece as relações recentes das crianças com esse universo, como também interfere de forma negativa no desenvolvimento da competência para a leitura que acaba de ser conquistada.

O professor deve procurar criar diferentes situações de aprendizagem, nas quais os alunos, sentindo-se motivados pelos desafios que elas propõem, mergulhem no maravilhoso mundo das histórias conhecendo um pouco da história de seus criadores. Ser capaz de ler é também saber caminhar pelas trilhas imaginárias das bibliotecas do mundo inteiro, é conhecer as afinidades entre os estilos e escritores, é, principalmente, ter informações acerca das obras e seus autores.

Estudar um autor em sua época

O professor pode desenvolver uma pesquisa sobre a época de um determinado artista, sua vida, seus gostos, não se esquecendo de dizer a seus alunos que o escritor, quando está escrevendo, é diferente da pessoa da vida quotidiana: quando se senta diante de uma página, de uma máquina de escrever ou tela de um computador, a imaginação se solta e nasce quase que uma nova personalidade, aquela que ficará impressa nas páginas do livro.

Tomemos um autor como Guimarães Rosa, por exemplo. Como nasce sua prosa poética que nos transporta para os duros homens do sertão brasileiro? Como são construídas suas histórias? Por que ele sempre parece optar por temas fantásticos? Como monta seus enredos e por que reproduz a fala sertaneja? Todos esses elementos constituem a marca de uma personalidade literária, e isto pode ser ensinado aos alunos.

Comparar escritores e seus mundos

Como é a prosa de Machado de Assis? Sua escolha de palavras é muito diferente da de Guimarães Rosa. Seu cenário é urbano e seus personagens são muito mais quotidianos.

Trabalhando com histórias em épocas diferentes, com personagens refinados, Machado também chama a atenção para o lado misterioso da vida. Embora suas frases sejam diretas, claras e concisas, trata-se de um escritor que aponta para as dúvidas existenciais, para a própria aventura de viver, mesmo que sob o manto de um quotidiano comum.

Descobrir o mundo da literatura científica

Os alunos poderão desenvolver pesquisa sobre livros de ficção científica. Quem são seus principais autores nacionais ou internacionais? Qual a importância da obra de Júlio Verne para o desenvolvimento desse gênero literário? Como é a relação entre o homem e a ciência nesses livros? Será que esses escritores prevêem o futuro?

Cada grupo poderá encarregar-se de um autor, resenhando seus livros, assinalando seus temas preferidos, seus "itinerários". E há uma farta e rica gama de autores que podem, por suas diferentes preferências temáticas, motivar os alunos e possibilitar um significativo espaço de aprendizagem: Izac Azimov, por exemplo, prefere histórias de robôs, Ricardo Gouveia opta por aventuras interplanetárias, H.G. Wells, pelo contato com extraterrestres, Júlio Verne foi capaz de prever invenções através da literatura.

Raramente esses elementos são introduzidos no ensino de literatura. Contudo, desvendar para uma criança o próprio ofício da escrita só enriquece o seu olhar e possibilita novas formas de ler uma obra-prima.

Ao professor cabe a função de trilhar, ao lado dos alunos, esses maravilhosos caminhos dos livros, sem medo de uma discussão coletiva que nasça de uma leitura feita por todos, sem temor da diversidade das opiniões sobre uma determinada obra, sem o desejo de apenas agradar os alunos e, sobretudo, sem a presunção de pensar que pode esgotar a trama de significados contidos numa narrativa com a elaboração de um pequeno questionário.

BIBLIOGRAFIA GERAL

BARBOSA, José J. *Alfabetização e leitura*. São Paulo: Cortez, 1990.

BETTELHEIM, Bruno e ZELAN, Karen. *Psicanálise da alfabetização*. Porto Alegre: Artes Médicas, 1984.

CAGLIARI, Luiz Carlos. *Alfabetização e lingüística*. São Paulo: Scipione, 1989.

___. "Caminhos e descaminhos da fala e da escrita" C.E.M.P., São Paulo: *Ciclo Básico*, 1987

___. "A ortografia na escola e na vida" C.E.M.P., *Isto se aprende com o Ciclo Básico*, São Paulo, 1986

CASTORINA, J. A. *Psicologia genética*. Porto Alegre: Artes Médicas.

___. *Teorias da linguagem, Teorias da aprendizagem - O debate entre Jean Piaget e Chomsky*. São Paulo: Cultrix - Edusp, 1983.

CASTORINA, J., FERREIRO, E, LERNER, D., OLIVEIRA, M. K. *Piaget-Vigotsky. Novas contribuições para o debate*. São Paulo: Ática, 1995.

CAVALCANTI, Zélia (Org.). *Arte na Pré-escola*. Porto Alegre: Artes Médicas, 1995.

___. *Trabalhando com Ciências e História*. Porto Alegre: Artes Médicas, 1995.

___. *História de uma Classe*. Porto Alegre: Artes Médicas, 1996.

CAVALCANTI, Z. e DEHEINZELIN, M. *Professor da Pré-escola*. Ministério da Educação/Fund. Roberto Marinho, 1991.

CENTRO DE ESTUDOS DA ESCOLA DA VILA - *Revista Trino 1*, 1990.

___. *Revista Trino 2*, 1991.

___. *Revista Trino 3*, 1992.

CHARTIER, Roger (Org.). *Práticas de leitura*. São Paulo: Estação Liberdade, 1996.

COLL, César. *Psicologia e currículo*. São Paulo: Ática, 1996.

DEHEINZELIN, M. *A fome com a vontade de comer*. Petrópolis: Vozes, 1994.

DELVAL, J. "El construtivismo y la adquisicion del conocimiento social", Universidad de Madrid, mimeo, 1991.

DE LA TAILLE, KOHL. M, DANTAS. H. *Piaget, Vygotsky, Wallon: teorias psicogenéticas em discussão*. São Paulo: Summus Editorial, 1992.

DONDIS, DONIS A. *Sintaxe da linguagem visual*. São Paulo: Martins Fontes, 1991.

FERREIRO, Emília. *Alfabetização em processo*. São Paulo: Cortez, 1986.

___. *Os Filhos do analfabetismo.*Porto Alegre: Artes Médicas, 1990.

___. *Reflexões sobre alfabetização*. São Paulo: Cortez, 1985.

FERREIRO, Emília e TEBEROSKY, A. *Psicogênese da língua escrita*. São Paulo: Artes Médicas, 1986.

FERREIRO, Emilia e outros autores. *Chapeuzinho Vermelho aprende a escrever*. São Paulo: Ática, 1996.

FERREIRO, Emilia e PALÁCIO, Margarita Gomes. *Processos de leitura e escrita — novas perspectivas*. Porto Alegre: Artes Médicas, 1988.

GALLART, Isabel Solé. "El Placer de Leer" in Lectura e vida, ano 16 nº 3, setembro de 1995, *Revista Latinoamericana de Lectura*, Buenos Aires, Argentina.

JOLIBERT, Josette. *Formando crianças leitoras*. Porto Alegre: Artes Médicas, 1994.

___. *Formando crianças produtoras de textos*. Porto Alegre: Artes Médicas, 1994.

KAUFMAN, A. M. e RODRIGUES, M. H. *A escola e os textos*. Porto Alegre: Artes Médicas, 1994.

___. *Escola, leitura e produção de textos*. Porto Alegre: Artes Médicas, 1995.

KATO, Mary A. *A concepção da escrita pela criança*. Campinas: Pontes, 1988.

___. *No mundo da escrita*. São Paulo: Ática, 1987.

LEIMAN, Angela. *Leitura: ensino e pesquisa.* Campinas: Pontes, 1989.

___. *Texto e leitor: aspectos cognitivos da leitura.* Campinas: Pontes, 1989.

KOCH, Ingedore G. V. e TRAVAGLIA, L. C. *Texto e coerência.* São Pailo: Cortez, 1989.

LERNER, D. e PIZANI, A. P. *A aprendizagem da língua escrita na escola.* Porto Alegre: Artes Médicas, 1994.

LUFT, Celso Pedro. *Língua e liberdade.* Porto Alegre: L&PM, 1985.

MACEDO, L. "Construtivismo e aprendizagem da escrita", Comunicação apresentada na II Jornadas Internacionales de Psicologia y Educación, Madri, 1986.

MACHADO, Irene A. *Literatura e redação,* São Paulo: Scipione, 1994.

MARTINS, Wilson. *A palavra escrita.* A história do livro, da imprensa e da biblioteca. São Paulo: Atica, 1996.

MELO, VERISSIMO. *Folclore infantil.* Belo Horizonte: Itatiaia, 1984.

ORLANDI, Eni Pulcinelli. *Discurso e leitura.* São Paulo: Cortez, 1988.

PIAGET. J. "O papel da imitação na formação da representação". In: *Psicologia e marxismo.* Madri: Pablo del Rio, 1976.

PATTO, M. H. Souza. "A criança da escola pública: deficiente, diferente ou mal trabalhada?" *Ciclo Básico.* São Paulo: C.E.M.P., 1987.

REGO, L. Browne. *Literatura infantil: uma nova perspectiva da alfabetização na pré-escola.* São Paulo: FTD, 1988.

RODARI, G. *Gramática da fantasia.* São Paulo: Summus, 1982.

SILVA, M. A. S. S. *Construindo a leitura e a escrita.* São Paulo: Ática, 1988.

SINCLAIR, H. *A produção de notações na criança.* São Paulo: Cortez, 1990.

SMITH, F. *Compreendendo a leitura.* Porto Alegre: Artes Médicas, 1989.

SMOLKA, A. L. B. *A criança na fase inicial da escrita.* São Paulo: Cortez, 1988

TEBEROSKY, A. *Aprendendo a escrever.* São Paulo: Ática, 1994.

TEBEROSKY, A. *Psicopedagogia da língua escrita,* Trajetória, São Paulo: Unicamp, 1989.

TEBEROSKY, A. e CARDOSO, B. *Reflexões sobre o ensino da leitura e da escrita,* Trajetória, São Paulo: Unicamp, 1989.

TEBEROSKY, A. TOLCHINSKY, L. (Org.). *Além da alfabetização.* São Paulo: Ática, 1996.

TOLCHINSKY, L. L. *Aprendizagem da linguagem escrita.* São Paulo Ática, 1995.

VYGOTSKY, L. S. *Pensamento e linguagem.* Lisboa: Antídoto, 1979.

___. *A formação social da mente.* São Paulo: Martins Fontes, 1984.

___. *Pensamento e linguagem.* São Paulo: Martins Fontes, 1984.

VYGOTSKY, L. S. e LURIA, A. R. e LEONTIEV, A. N. *Linguagem, desenvolvimento e aprendizagem.* São Paulo: Ícone, 1988.

WEISZ, T. "As contribuições da psicogênese da língua escrita e algumas reflexões sobre a prática educativa de alfabetização". In: "Ciclo básico em jornada única: uma nova concepção de trabalho pedagógico". São Paulo: FDE, 1988.

___. "Como se aprende a ler e a escrever ou prontidão, um problema mal resolvido", *Ciclo Básico.* São Paulo: C.E.M.P., 1987.

ZILBERMAN, R. e SILVA, E. T. *Leitura: perspectivas interdisciplinares.* São Paulo: Ática.